新潟県人物小伝

良寛

加藤僖一

新潟日報事業社

JN331079

■表紙写真

表紙一

良寛堂（表紙二＝出雲崎町・橘屋跡）

五合庵（表紙三＝燕市国上）

表紙四（左から）

乙子神社草庵（燕市国上）

良寛禅師墓（長岡市和島・隆泉寺）

良寛の枕地蔵（出雲崎町・良寛堂内）

天上大風碑（燕市粟生津）

目次

はじめに

良寛は江戸時代の末、宝暦八年（一七五八）新潟県三島郡出雲崎《いずもざき》町に生まれ、天保二年（一八三一）新潟県長岡市和島《わしま》で亡くなった。途中二十二歳から三十四歳まで岡山県玉島（倉敷市）の円通寺で修行し、その後三十九歳ごろまで諸国を行脚《あんぎゃ》して帰国した。人生の大半を新潟県で過ごした新潟人、越後人といってよいであろう。

良寛は、禅僧、詩人、歌人、書家として、新潟県のみならず、日本を代表する偉大な人物であり、さらに世界の良寛とまでいわれるようになってきた。

良寛の宗教は仏教の曹洞宗で、師の大忍国仙や宗祖道元《どうげん》の教えをよく守り、生涯、寺を構えず、妻子を持たず、物質的には無一物《むいちもつ》に徹し、清貧の思想を貫いた。それでいて、真言宗、浄土宗、浄土真宗、日蓮宗、神道にも通じ、孔子、孟子、老子、荘子などの思想をも深く学び、雑炊宗《ぞうすいしゅう》といわれる。そうしたなかでも、法華経《ほけきょう》に深く帰依《きえ》し、「法華讃《ほっけさん》」は良寛の究極を示している。

良寛の漢詩は六百余首。唐木《からき》順三氏が「最も日本人らしい日本人。日本的な詩人」と激賞したように、日本を代表する詩人といわれる。

良寛の和歌は、短歌、旋頭歌《せどうか》、長歌などあわせて千三百余首。齋藤茂吉、吉野秀雄、上田三四二氏らによって「万葉調の歌人、万葉調中の良寛調を完成した人」として、大変高く評価されている。

良寛の書は、自作の詩や歌を書いたものを中心に、楷書、行書、草書、かな、手紙など、日本の書聖といわれる空海（弘法大師）をもしのぎ、和様《わよう》の最高峰、日本美の極致とまで絶賛されている。

良寛の俳句は百首ほどにすぎないが、「世の中は桜の花になりにけり」「たくほどは風がもてくる落葉かな」「盗人にとり残されし窓の月」など、世界的に知られる名句を詠んでいる。

そのほか、子どもたちとまりつきやかくれんぼをして遊び、多くの逸話を残し、一休のとんち話とともに、子どもから大人まで広く親しまれている。

禅、詩、歌、俳句、書、逸話などを総合した良寛の人間性が、多くの人々から敬慕されているのである。

以下、コンパクトな書物ながら、本書によって、良寛にいっそう親しんでいただければ幸いである。

出雲崎の街並み

良寛の出生

良寛は宝暦八年（一七五八）、現在の新潟県三島郡出雲崎町に生まれた。幼名は栄蔵、元服して文孝《ふみたか》、字《あざな》は曲《まがり》、禅僧となって良寛と呼ばれるようになった。

母の秀子は享保二十年（一七三五）新潟県佐渡市相川の山本庄兵衛の長女に生まれた。従来の説では十七歳の時、出雲崎の山本新左衛門の養女になったとされていたが、佐渡の磯部欣三、田中圭一両氏によって、県立佐渡高校にあった「佐渡国略記」に、おのぶが新津生まれの新次郎に嫁いだ記事を発見され、良寛の母の名はおのぶだという説を出された。

更に新津の新次郎は新津の旧家桂誉章《かつらたかあき》で、おのぶは一度桂誉章に嫁ぎ、数年後に離別、二十一歳の時、山本以南（新木重内）と再婚したとされた。

更に飛躍して、良寛の父は与板から入婿《にゅうせい》した山本以南ではなく、

「良寛の母の生家　橘屋跡」碑（佐渡市相川）

新津の桂誉章だとされ一大センセーションをまき起こした。新津の皆さんは大喜びし、与板の皆さんは非常に困惑した。

その後何人かの研究家が賛否両論を発表。現在は、おのぶと秀子は同一人物で、幼名をおのぶといい、おそらく以南と結婚するころ秀子と改名したのではないか、といった線に落ちついている。おのぶを主張するあまり、秀子を全面否定するのは行き過ぎではなかろうか。本書では、特に必要な場合を除き、良寛の母の名は秀子で統一したいと思う。また良寛のタネも、桂誉章ではなく、山本以南で通したいと思う。

父は長岡市与板の割元《わりもと》（大庄屋）新木与五右衛門の二男・山本新之助（泰雄）で、出雲崎の山本家に婿入りし、秀子と結婚した。俳号を以南と称し、北越蕉風中興の棟梁《とうりょう》といわれる俳人であった。本書では分かりやすく山本以南と表記することにしよう。

佐渡市相川には「良寛の母の生家橘屋跡」の石碑と、良寛の「中元の歌」の詩碑、また郷土博物館前には「良寛の母之《の》碑」が建てられており、同碑には「たらちねのははがかたみとあさゆふに、佐度

橘以南句碑「朝霧に…」（長岡市与板・橘以南生家跡）

のしまべをうち見つるかも　良寛」という自筆の歌が、銅版に鋳刻《ちゅうこく》してはめ込まれている。佐渡は良寛にとって、文字通り母の国だったのである。

長岡市与板の以南生家跡には「橘以南誕生地」という石塔と、「朝霧に一段ひくし合歓《ねむ》の花」という以南自筆の句碑とが建てられている。句碑の左端には「割元新木家跡　橘以南誕生之《の》地」という画家津田青楓氏の書も刻されている。

以南、秀子を両親として、良寛は宝暦八年（一七五八）に生まれた。その時以南は二十三歳、秀子は二十四歳であった。山本家は代々出雲崎の名主職（今でいう町長職に相当）と、石井神社の神官とを兼ねる名門の家柄であった。

屋号を橘屋といった。その由来は、正一位左大臣、兼大宰帥《だざいのそつ》（太《だ》政官《じょうかん》の長官で大宰府《だざいふ》の長官を兼ねる）の橘諸兄《もろえ》を遠祖となし、諸兄の曽孫山本中納言泰実《やすざね》を先祖と伝えるところから出ているが、史実かどうかは断定しにくい。出雲崎随一の名門の家柄であることは間違いない。

良寛堂（出雲崎町・橘屋跡）

　また、日野資朝《ひのすけとも》（鎌倉末期の人、後醍醐《ごだいご》天皇に用いられて参議・権《ごん》中納言となる。討幕計画に活躍。正中の変で捕らえられて佐渡に配流、処刑された）が佐渡に流された時、

　忘るなよ程は波路をへだつとも、かはらず匂へ宿の橘

と詠んだ短冊が同家に伝えられたことから、この歌に起因しているともいわれる。佐渡市の妙宣寺には、資朝の墓所がある。

　良寛は長男であるが、一説では、良寛に上の子があり、夭折《ようせつ》したともいわれている。

　ほかに兄弟には長女むら、二男由之《ゆうし》、二女たか、三男宥澄《ゆうちょう》（観山）、四男香《かおる》、三女みか、があり、七人きょうだいであった。

　橘屋跡には良寛堂が建てられている。建設者は佐藤耐雪《たいせつ》氏（出雲崎の郷土史研究家、良寛研究家）、設計者は安田靫彦《やすだゆきひこ》氏（日本画家、東京芸大教授、芸術院会員、文化勲章受章者）。

　大正六年（一九一七）に建立が発起され、総予算三千円、全国から浄財を募った。趣意書には「大愚山良寛寺」と書かれているので、初めは寺院の造営を考えていたのかもしれない。しかし生涯お寺を

良寛の枕地蔵（出雲崎町・良寛堂内）

構えることをしなかった良寛だから、今の良寛堂の方がはるかにふさわしいといえよう。

　発起から五年を経た大正十一年四月十一日に着工し、同年九月十六日に完成をみた。従来、宇治の平等院鳳凰堂《ほうおうどう》の一角に範をとって設計されたと説明されてきたが、昭和四十九年（一九七四）四月七日、設計者ご自身の安田氏からお手紙をいただき、

「宇治の近くに日野の法界寺がありますが、そのほとりに鴨長明が世をいとい、方丈の庵室を造り隠遁した遺跡、これが最適当と存じました」

と五十年以上の沈黙を破って真意を打ち明けてくださった。

　それはともかく、良寛堂のすぐ裏は日本海、晴れた日にははるかかなたに佐渡が見え、それを背景にポッカリ海上に浮き上がったように見える。さすがは安田先生の設計である。

　お堂の中には多宝塔があり、良寛の枕地蔵（良寛は石地蔵を祭っていたが、しまいには昼寝の枕がわりに用いたといわれる）がはめ込まれ、また、

いにしへにかはらぬものはありそみと
むかひにみゆるさどのしまなり　良寛

の歌一首が刻されている。
良寛堂のすぐ横は、かつて佐渡でとれた金銀を陸揚げする船着き場でもあった。

幼年時代

良寛は幼名を栄蔵といった。幼年時代の記録はほとんど残っていない。おそらく名主さまの坊ちゃんとして、大事に育てられたのではなかろうか。しかし後に述べるように、橘屋は次第に苦境に陥るので、名家の総領とはいっても、それほど幸せな身の上ではなかったかもしれない。

わずかに伝えられているところでは、世間なみの子どもではなく「名主の昼行灯息子《あんどんむすこ》」とあだ名されていたという。てきぱきとした切れ者というより、どこかうすぼんやりしていたのであろう。ただ

栄蔵少年の像（出雲崎町尼瀬・越後出雲崎天領の里）

し普通のうすぼんやりとは異なり、これが後に、良寛の人間性を決定する大きな特徴となるのである。

また相馬御風《そうまぎょふう》氏の『大愚良寛』には、

良寛がまだ、八、九歳の少年であった頃、何かの事で父に叱られた時、上目で父の顔を視たので、父は「父母をにらむ者は鰈《かれい》になるぞ」といった。ところが彼はそれを聞くとひとしく家を飛び出したまま、日暮になっても帰って来ない。周囲の者が心配して、心あたりの場所をくまなく捜し歩いたが解らない。しまいに海へでも行ったのではないかというので、大勢の者が海岸へ捜しに行って見ると、果して彼は浪際《なみぎわ》のとある岩の上に、ただひとりしょんぼりと佇んで一心に海を眺めていた。捜しにきた人達は驚き喜んで「そんな所にまあいつまでも何をしているのだ」と問責した。少年の良寛は悲しそうな、不審げな顔つきでいった。「俺はまだ鰈になっとらんかえ」と。

という話が伝えられている。このわずか一つの逸話からも、良寛が疑うことを知らず、バカ正直で、純粋だったことがうかがわれる。

少年時代

大森子陽《しよう》に学ぶ

良寛は十三歳のころ、大森子陽の狭川塾《きようせんじゆく》に通うようになった。大森子陽は元文三年（一七三八）長岡市地蔵堂《じぞうどう》の生まれ。本名を楽《ろう》、字を子陽《しよう》、号を狭川《きようせん》あるいは少翁といった。後には姓を森《しん》、または岑《しん》とも称した。壮年時代江戸へ出て学び、困窮の中にありながら、あまねく諸大家の門を叩いた。明和四（一七六七）～六年ごろ郷里へ帰り、狭川塾を開いて子弟の教育に当たり、大いに名声があがった。寺沢石城、村松蘆渓《ろけい》、小田煥章《かんしよう》とともに、北越四大儒の一人とうたわれるに至った。

安永六年（一七七七）、再び郷里を出て、晩年には山形県鶴岡で家塾を開き、寛政三年（一七九一）五月七日、五十四歳の生涯を閉じた。鶴岡市の明伝寺には「越後故處士大森子陽先生須紱碑《しゆはつ》」があり、長岡市寺泊の万福寺裏山にはお墓がある。墓石には「故子陽先生墓」

大森子陽の墓（左から二番目・長岡市寺泊当新田）

と刻されている。

よく人生は人との出会いだといわれるが、良寛にとって大きな三つの出会いは、この大森子陽と、大忍国仙、貞心尼とが、最も重要な出会いであったといえよう。

特に師との出会いは、その人の一生を左右するほどであり、今日の良寛が存在しうるのも、全くこうした師との巡り合いにほかならない。

大森子陽のもとでは、漢詩漢文を学んだ。学習の内容は定かでないが、四書五経（「大学」「中庸」「論語」「孟子」、「易経」「書経」「詩経」「春秋」「礼記《らいき》」）が中心であったと推測される。後に良寛が六百余首に及ぶ漢詩を作り、最も日本人らしい詩人といわれるほどになったのも、この時代の学習が大きくあずかっているとともに、孔子、孟子、老子、荘子などの思想的な影響も強く受けたことと考えられる。

特に「論語」は、純粋な少年良寛の心に深く染み込み、ほとんど全文暗記したようである。木村家の貼り交ぜ屏風には、良寛が「論

原田家（燕市中島）

語」を抄出して書いた作品が残されている。

狭川塾には六年間通ったといわれているので、十三歳からとすれば十八歳までの、ちょうど現在の中学生高校生世代の若い血が流れている時に当たる。

当時、共に机を並べて学んだ友人には、原田鵲斎《じゃくさい》、富取之則《とみとりゆきのり》などがおり、原田鵲斎は医師で、良寛が五合庵へ居住するようになってからもしばしば往来し、贈答の詩歌を書き残している。現在の燕市中島に原田邸があり、同家の裏庭には、鵲斎が解良《けら》家からゆずり受けて移築した茶室がある。良寛も生前、この茶室で茶を楽しんだことであろう。良寛には茶の効用を述べた漢詩「茶の賛」がある。

富取之則は文学に優れ、江戸に出て儒者としても名をあげた。文化九年（一八一二）、良寛が五十五歳の時に亡くなった。そのとき良寛は「之則の物故《もっこ》を聞く　二首」と題する長詩を詠み、深い悲しみを表現している。

良寛が狭川塾へ通ったのは、出雲崎からではなく、地蔵堂の中村家からだった。中村家は良寛の父以南の生家新木家の親類に当た

中村家（燕市地蔵堂）

り、ここに寄寓《きぐう》して勉強した。現在の中村家は昭和二十五年（一九五〇）ごろ改築しているが、良寛が使用した二階の部屋は、当時のままだといわれている。

良寛が師の大森子陽をいかに慕っていたかは、次の詩からうかがわれる。

子陽先生の墓を吊《とぶら》う

思えば、昔少年時代に私は狭川《せばがわ》のそばのお塾に通ったのだ。それが一旦お別れしてからは、先生も私も消息を絶ってしまった。いま帰ってみれば、先生は逝去されてしまい、どのようにして、み魂とお会いしよう。ひとすくいの水をお墓にそそいで、心ばかり先生をおとぶらい申し上げる。太陽はみるみる西に沈み、山野は松風の音のみ。行きつ戻りつどうしても去りがたく、涙に衣の裾をしめらすばかりである。

（東郷豊治著『全釈良寛詩集』による。以下東郷本と略記する）

「月下読書の図」小川千甕画（良寛記念館蔵）

別の詩の一部に「回首三十年」とあるので、良寛四十歳半ばの作であろうか。越後へ帰ってから子陽先生の墓の所在を知り、訪ねて参拝したのであろう。

「故子陽先生墓」の傍らに、この良寛詩碑が建てられている。

少年栄蔵の勉強ぶりについては、次の逸話が伝えられている。

栄蔵は読書が大好きであった。家にこもって本ばかり読んでいるので、両親は体の為によくないと思い、無理に外へ遊びにゆかせた。ところが栄蔵は、珍しく夕方になっても家へ帰ってこない。母親がふと庭を見ると、石灯篭の下に何か怪しい人影が見える。これはてっきり家の中をねらっている悪者だと思い、薙刀《なぎなた》をとり出してそっと近よってみた。するとそれは息子の栄蔵であった。もう薄暗くなっているのにも気づかぬのか、真剣に本を読んでいるのであった。その本は論語だった。母親は、栄蔵が読書好きなのはよいことだし、将来あるいは偉い人になるかもしれないとは思ったが、体をこわしはしないかと心配していた。

（相馬御風著『続良寛さま』より要約）

良寛の記憶力のよさは抜群で、ある家の過去帖が紛失したとき、その法名や没年などを覚えていて、ほとんど誤りなく書いたといわれている。後に万葉集を学べば、これまた万葉歌を全部暗記してしまい、万葉の歌も自分の歌も区別がつかないほどであった。

良寛の健康状態については、後に山中独居の生活に耐えられたのは、よほど健康に優れていたからだとする説もあるが、幼時から、それほど頑健ではなかったのではなかろうか。晩年には風邪をひきやすく、お腹をこわしやすかったようで、むしろシンの強さと、坐禅を主とする宗教的な鍛錬と、細心な健康への配慮とによって、当時としては七十四歳という長生きをしえたのであろう。

十五、六歳のころ元服《げんぷく》して文孝《ふみたか》と名のり、字《あざな》を曲《まがり》といった。この曲の由来について北川省一氏は、その著『良寛遊戯《ゆげ》』の中で、「荘子」人間世篇《にんげんせいへん》の「外曲する者は人と徒《と》たり」（他人に対して腰を曲げて礼義正しいのは、人の仲間というものである）と指摘しておられる。そして荘子の哲学の神髄は「一切肯定と無私の随順の奥底にたぎる荘子の強烈な自我、激しい否定の精神」にあり、これこそ良寛独特の発想にピタリだとしておられる。

青壮年時代

出家

良寛は十八歳で名主見習いとなり、父を助けるようになったが、それもほんの束《つか》の間、ある日（一説に安永四年＝一七七五＝七月十八日）突然、出雲崎の光照寺《こうしょうじ》へ駆け込み、剃髪《ていはつ》してしまった。家督《かとく》を四歳年下の弟由之《ゆうし》に譲ったといえば聞こえはよいが、実際は家を捨て、父母を捨てたのである。

ところで良寛がなぜ出家したのか。その動機や方法については、従来さまざまな説がなされている。佐藤吉太郎氏著『出雲崎編年史』から骨子のみを抜粋すれば、

(1)　感ずるところがあり、一日友人と料亭で痛飲し、百金をたち

光照寺（出雲崎町尼瀬）

どころに使いはたして少しも悔いるところなく、帰途そのまま仏門に入った。

(2)　良寛の性格がもともとうすぼんやりで、一旦《いったん》名主見習いになったものの、とうてい務めを全うすることが出来ず、家を弟の由之に譲って出家した。

(3)　一旦《いったん》家督を継いだが、ある時盗賊の死刑に立ち会い、無常を感じて出家してしまった。

(4)　一度婦人を迎えたが、半年ならずして恩愛を捨てた。

(5)　出雲崎代官と漁民との間に争いが起こり、良寛は調停役に当たったが、代官に対しては漁民の悪口をそのまま上申し、漁民に対しては代官の怒りをそのまま伝えたので、両者の憎しみはますます激烈になってしまった。そのため良寛は「虚妄詐欺《きょもうさぎ》を以って賢となす」のは恐ろしいことだと思い、決然として光照寺へ走った。

(6)　良寛その人の魯鈍《ろどん》、疎懶《そらん》な天性と、それに対する父母の考慮のもとに出家した。

罪人が処刑された獄門跡（出雲崎町）

(7)　良寛自身の「素願《そがん》」による。

(8)　佐渡奉行が出雲崎から船で佐渡へ渡るとき、かごの柄《え》が長すぎて船に乗らなかった。船頭が困っていたので、良寛が命じて切らせてしまった。

(9)　橘屋と京屋との勢力争いが続き、橘屋は衰退の一途をたどっていった。

というようなものである。しかしいくら列挙してみても、なおかつ真の原因は分からない。作家の瀬戸内寂聴氏は、今東光師のもとで出家されたが、本人自身にもなぜ出家したのか分からない、と話しておられた。

良寛が妻帯したかどうかは、一部に婦人の生家まで挙げて、是認している人もいるが、一般には独身を通したと見なされている。ただし料亭に出入りしたり、遊女と交わったりしたことは、十分考えられる。

良寛の詩に、

幼いときから文学を学んだが、ものぐさで儒学者にもならず、

少年の日から禅門に参じたが、法燈を伝えるほどの僧にもなれない。（後略）

（東郷本による）

があり、佐藤耐雪氏は「儒者とならんか、禅僧とならんか、黙々として考えに考えを重ねた結果が、一切を棄てて光照寺破《は》了《りょう》和尚の許《もと》へ奔《はし》られた。その刹那《せつな》がそもそも良寛さま一生の運命を定めたもの」と述べておられる。

また、

少年より父を捨てて他国に走り、
辛苦虎を画《えが》いて猫にも成らず、
人あってもし箇《こ》中の意を問わば、
これはこれ従来の栄蔵生。

（東郷本による）

という詩もあり、字句の上では良寛の側から父を捨てたことになっている。しかしたとえ両親の許しを得たとしても、結果的には親を捨てたことにかわりがない。ようやく一人前に育てあげ、名主見習にまでなった良寛が出家してしまうのは、両親にとってたまらなく悲しいことであろう。

他方良寛の側から見ても、西行法師が妻子のすがりつくのをふり払って出家したように、両親や弟妹たちを捨てるのはよほどの決心だったろうし、禅の修行に飛び込むこと自体にも、相当の覚悟がなければならなかったであろう。

いずれにせよ、さまざまな外的要因が作用したであろうが、結局は良寛自身の意思が次第に確固として強いものとなり、悩みぬいたあげく両親にも打ち明け、その配慮のもと、光照寺玄乗破了の門を叩くことになったのであろう。

この時玄乗破了は三十一歳、良寛は十八歳、しかし厳密な師弟関係ではなく、後に師事する国仙和尚から見ると、玄乗破了が五番目、良寛が二十九番目の弟子に当たる。良寛自身も破了のことを師兄《すひん》（禅宗で兄弟子《あにでし》のこと）と呼んでいるので、同門の兄弟子という関係になる。

光照寺での修行の状況は、詳細な記録は残っていないが、正式な出家得度はせず、坐禅修行を主体とした沙弥《しゃみ》（仏門に入って剃髪《ていはつ》し

「良寛出家の歌」碑（出雲崎町尼瀬・光照寺）

たばかりの少年僧）にとどまったのであろう。
光照寺は今も出雲崎にあり、入り口には二基の石碑が建てられている。左に「越後札所第十九番観世音光照寺」、右に「良寛禅師剃髪之寺　出雲崎禅学会建立」。また本堂前には渡辺秀英氏の筆になる「良寛出家の歌」碑も建てられている。
良寛は光照寺に約五年いたのだから、何か遺品が残っていればありがたいのだが、残念ながら元禄《げんろく》年間（一説に十四年＝一七〇一＝十二月）に全焼したため、何も残っていない。現在はわずかに「招隠舎」（又は「招徳舎」とも読める）と書いた良寛の横額が一点、宝蔵されているだけである。

岡山時代

良寛が二十二歳の時、運命的な出会いが訪れる。安永八年（一七七九）、岡山県玉島（倉敷市）の円通寺第十世大忍国仙《だいにんこくせん》が、勧化《かんげ》のため越後へ巡錫《じゅんしゃく》（僧が各地を巡り歩いて教えをひろめること）してこられ、光照寺へしばらく滞留した。大忍国仙は、弟子玄乗破了のた

円通寺本堂（倉敷市玉島）

めに晋山結制《しんざんけっせい》（僧侶が新たに一寺の住職となるために、九十日間寺院に禁足して安住し、ひたすら坐禅を中心とする修行に励むこと）と、授戒会《じゅかいえ》（一般在家のものに在家戒を授ける法会）とを兼ねて、門人大心を従え、はるばる越後入りをされた。

　良寛は、国仙の大徳な人柄にすっかり引き付けられ、国仙もまた、良寛の非凡な将来性を見抜き、正式な得度《とくど》がなされたと考えられる。「大愚《だいぐ》良寛」という名前が、いつ誰によって付けられたのか判然としないが、おそらく国仙和尚がその名付け親ではなかろうか。

　私の全く勝手な想像であるが、大忍の「大」をとって大愚とし、良寛の「良」は円通寺歴代を見ると、開山が徳翁良高、二世が雄禅良英、三世が蔵山良機、八世が孝淳良筍と、良の字が付く人が多いのにあやかったのではなかろうか。もしそうだとすると、国仙和尚の弟子の中でも、師の跡を継ぎ、円通寺住職になるだけの素質を良寛に見いだしたことになろう。

　なお良寛の「寛」は「涅槃経《ねはんきょう》」に「居家迫迮《きょけはくさく》、猶牢獄《なおろうごく》の如し、一切の煩悩《ぼんのう》これによって生ず、出家寛曠猶虚空《かんこうなおこくう》の如し、一切の善法、

円通寺の良寛堂

これによって増長す」とある「出家寛曠」の「寛」によるのではないか、という柳田聖山氏の説がある。

また中国では臨済義玄《りんざいぎげん》に悟りを開かせた高安大愚という名僧があり、良寛の「大愚」に影響を与えたのではないか、という気がする。

それはともかく、出家したといっても実家とは目と鼻の近さであり、もう一つの徹底しきれない面があったのではなかろうか。あるいはまた良寛の修行がかなり深まり、将来の大成を見込んだ玄乗破了が、師の国仙に頼みこんだのかもしれない。

こうしていよいよ良寛は、未知の新天地を目指し、国仙に従い、玉島へと赴く。その道筋は長野の善光寺を詣《もう》で、江戸へ出て、京都を通って二カ月ほどの旅だったようである。円通寺へは安永八年十月に着いたといわれている。

さて円通寺にたどり着いた良寛は、どのような修行をしたのであろうか。その様子は玉島良寛会編『良寛修行と玉島』に詳しいが、その一部を要約して示すならば、
○午前三時　振鈴起床

円通寺の良寛詩碑

合図の鈴が振られ、鐘が鳴らされる。すると一斉に起きあがり、布団を片付けて用便と洗面を済ませる。曹洞宗永平寺の開祖道元の『正法眼蔵《しょうぼうげんぞう》』洗浄の巻にあるように、用便や洗面も修行の一つなのである。

○午前三時十五分　暁天坐禅

暁の坐禅が始まる。坐禅は禅宗の最も根幹的な修行である。特に真冬の坐禅は、時として命がけの修行であるという。善悪・是非・有無を考えず、無念無想、只管打坐《しかんたざ》（ただひたすら坐禅すること）心を自由にし、悟りを開くのである。

○午前四時半　朝課諷経《ふぎん》

坐禅に引き続き朝のお勤め。

○午前六時　朝粥行鉢《ちょうしゅくぎょうはつ》

朝食はお粥で、おかずは漬物と焼き塩だけの極めて質素なもの。

○午前七時　早晨坐禅《そうしん》

朝食が終わってから再び坐禅。

○午前八時　日天作務《さむ》

円通寺公園「童と良寛」石像

合図の太鼓によって一斉に堂の内部の清掃をする。

○午前九時　早参法益《ほうやく》

衆寮で仏書の講義を聴く。経典や祖師の語録などの講義を聴いたり、自習したりする。この衆寮は今の円通寺良寛堂である。国上山の五合庵や乙子《おとこ》神社草庵が、その後改築されたのに対し、この良寛堂は、良寛在世中そのままの遺構として貴重な建物である。正面には永平寺元峰老師九十一翁の筆になる「良寛堂」の木額が掛かっている。

○午前十一時　日中諷経

本堂で読経をする。

○正午　午斎行鉢《ごさいぎょうはつ》

僧堂で昼食をとる。昼食はふつう麦飯で、おかずは味噌汁と煮しめと漬物という誠に簡素なもの。

○午後一時　斎罷《さいは》看読《かんどく》

昼の食事が終わったあとの勉強。午後の講義を聴く。

○午後四時　晩参坐禅

円通寺の良寛像

僧堂で坐禅。

○午後五時　晩課諷経

本堂で晩のお勤め。諷経は朝・昼・晩と一日に三回行う。

○午後六時　薬石喫湯《やくせききっとう》

僧堂での夕食。やはりお粥に漬物・焼き塩・煮しめの簡素な食事。

○午後七時　夜坐《やざ》

暮れの百八つの鐘が鳴りだすと、僧堂で坐禅をする。坐禅も早朝・朝・夕方・夜と日に四回行う。

○午後九時　開枕就寝《かいちんしゅうしん》

午後九時に開枕鐘が静かに鳴ると、薄い煎餅布団を二つに折り、その中へ体を入れて就寝する。ようやく一日の修行から解放される。布団の中で一日の反省をしたり、学んだことを反復したりしたことであろう。

　こうして述べてくると、いかにも淡々とした生活のように見えるが、一日中息つくひまもない厳しい修行であり、これが毎日毎日繰り返されるのである。

凡俗な人間の三日とは耐えられない生活である。

国仙和尚

良寛の直接の師匠となった大忍国仙は、どんな人だったのだろうか。これも同じく『良寛修行と玉島』を参考にさせていただく。

国仙は享保八年（一七二三）今の埼玉県大里郡岡部村に生まれた。十三歳の時、清涼寺第九世高外全国について薙髪受具《ちはつじゅぐ》（出家得度とほぼ同じ）。全国は円通寺開祖・徳翁良高門下の俊秀である。二十歳前に全国から印可証明を受けた。三十歳で大本山永平寺に瑞世《ずいせい》。瑞世とは本師の挙状を持参して永平寺に上り、儀式を受けて和尚位に進むことをいう。僧は得度・入衆・立職・嗣法《しほう》・住職・瑞世・結制の七段階を経て、ようやく一人前になるという。

明和六年（一七六九）八月、円通寺第十世として晋任《しんにん》した。四十七歳であった。それから十年たった安永八年（一七七九）、国仙が出雲崎光照寺の玄乗破了の晋山結制授戒会に招かれて越後へ巡錫の旅に出たことによって、良寛は生涯の師国仙と出会うことが出来たの

大忍国仙の墓（倉敷市船倉町・長連寺）

国仙和尚像（円通寺蔵）

である。まさに運命的な出会いといえよう。

国仙は円通寺在任中に、常恒会《じょうこうえ》という全国でも百カ寺ほどしかない高い寺格が与えられたり、国仙を継いだ第十一世玄透即中《げんとうそくちゅう》が、後に永平寺五十世となり、黄檗《おうばく》禅を排して祖師道元の曹洞禅に戻し、伽藍《がらん》の復興、「正法眼蔵《しょうぼうげんぞう》」九十五巻の出版など、一大業績を残したが、そうした基礎を築いたのが、実に国仙であった。物心両面における円通寺中興の祖と仰がれている。

そして何よりも、良寛のような弟子を育てた功績も高く評価されるべきであろう。国仙の指導法は、一つの型にはめて厳しい修行をさせながらも、各自が自然にその型を破り、独特な型をつくってゆくような、卓絶した方法であった。そのために、良寛や仙桂《せんけい》のような、一見破格というか、常識的な枠を超えた門弟が出てきたのである。また優れた書を書き、和歌を詠んだので、良寛の書や歌がどの程度影響を受けたかは別にしても、書や歌への関心を誘発されたことは否めないであろう。

国仙は寛政三年（一七九一）円通寺で遷化《せんげ》。六十九歳であった。

円通寺での生活

さて話を良寛へ戻して、円通寺時代の修行生活については略記したが、良寛という一人の人間が、実際に何を考え、どんな行動をとっていたのかは皆目分からない。良寛は自分自身のことをほとんど語らないからである。わずかに、当時を回想して作った詩が幾つかあるだけである。その一つ、

円通寺に来《きた》りてより、幾回か冬春を経たる、門前は千家の邑《むら》、乃《すなわ》ち一人だに識《し》らず、衣《い》垢づけば手ずから濯《あら》い、食尽くれば城《じょう》闉《いん》に出《い》ず、曽《かつ》て高僧伝を読むに、僧は清貧に可なるべし。

では、円通寺へ来てから数年たっているのに、知っている人は一人もいない。着物が汚れれば自分で洗うのは当然としても、食べるものがなくなれば町へ托鉢に出かける。この托鉢もまた大切な修行なのであった。そして僧は清貧を本質とすることを学びとる。

良寛の「勧受食文《かんじゅじきぶん》」には「夫れ仏陀の標様は展鉢乞食《てんぱつこつじき》を恒規と為《な》し、僧伽《そうぎゃ》の風流は乞食を活計と為す…およそ癡《ち》の眷族《けんぞく》を離れ、草庵

に独処し、樹下に経行《きんひん》し、開花落葉を観じ、渓声山色を友とするは、古聖の先蹤《せんしょう》なり。後進の亀鏡《ききょう》なり」と書かれており、良寛はこの教え通り、清貧の生涯を送るのである。

別の詩でも、柴を運び、碓《うす》を踏むのは、生活の手段であるとともに、一種の作務《さむ》でもあった。おのれの道が孤であることを嘆きながらも、講義を聴き、坐禅を組むのに必死だった様子がうかがわれる。

ついでに国仙門下の変わり者、仙桂和尚をちょっとご紹介しておこう。良寛の詩を要約すると、

「仙桂は円通寺に三十年間居たが、参禅もせず読経もせず、ただ畠で野菜を作って雲水《うんすい》に供養していた。良寛は仙桂を見ていながら見えず、遇《あ》っていながら遇っていなかった。仙桂和尚こそは真に仏道を会得《えとく》した人であった」

というのである。「見ていながら見ていない。遇っていながら遇っていない」というのは梁《りょう》の武帝が達磨《だるま》大師に遇った後にもらした言葉だが、私たちの日常でもよく経験するのではなかろうか。

印可の偈をうける

こうして良寛が三十三歳の時、ついに国仙から印可の偈《げ》を受ける。師から一人前の僧として認められた認可状である。

国仙の弟子は三十余名あり、玄乗破了が五番目、嫩蘂《どんずい》仙桂が十八番目、良寛が二十九番目、義提尼《ぎていに》が三十番目、といわれている。

その偈は、

附良寛庵主

良や愚の如く、道うたた寛《ひろ》し、
騰《とう》々任運《にんうん》誰か看《み》るを得ん、
為に附す、山形爛藤《らんとう》の杖、
到る処の壁間《へきかん》、午睡《ごすい》閑たり。

寛政二庚戌《かのえいぬ》冬　水月老衲仙大忍

と書かれている。この偈は諸家がいろいろ名訳しているように、良寛の資性、人柄を喝破《かっぱ》した名文である。第一句の冒頭と脚部に「良」「寛」を配し、かつ大愚の「愚」をも用いている。この愚は大悟に通じ、哲学的思想的意味が深い。

「印可の偈」が授けられた円通寺の高方丈

一首の大意は、良寛のきわめた道は、大らかでゆったりとしている。その騰《とう》々としてすべてを天真に任《まか》せきっている様は、誰にもわからぬほどである。よって皆伝の印に藤《ふじ》づるの杖を与えよう。これから行く先々、昼寝をしている姿が、そのまま修行となるような、そういう生き方をしなさい。

となろうか。「午睡閑たり」は『臨済録』の黄檗《おうばく》希運《きうん》と臨済《りんざい》義玄《ぎげん》の話を踏まえているように思われる。

結局この偈では、愚、寛、任、閑などがポイントであり、国仙は、良寛のその後の約四十年にわたる生涯を、ものの見事に看破していたのであった。

なおこの偈には、良寛庵主と書かれている。良寛は覚樹庵に住んでいたようである。義提尼は真如庵の住職となった。国仙は、これも偈にあるように、水月庵に隠居するつもりだったらしい。ここには後に仙桂が入庵している。

国仙はこの年六十八歳、この偈を与えてから三カ月後、翌年の春に示寂《じじゃく》（高僧が死ぬこと）している。良寛は師の偈を大切に終生肌身離さず護持し、現在は木村家に保存されている。

父母の死

良寛の岡山修行時代に、悲しいことが二つ重なった。一つは母の死であり、もう一つは父の死である。

母の秀子は良寛が二十六歳の時、四十九歳で亡くなっている。秀子について佐藤吉太郎氏の『良寛の父橘以南』には、

天明三年四月二十九日、賢婦人秀子の病没は、以南にとってこのうえなき大不幸でありました。……一生を通じて悲運にとざされし以南も、此良妻あってこそ三十年間家計の一切を一任し、悠々自適花鳥風詠にふけっていたのであります。

秀子としては七人の子女を養育しつつ……内懐はますます窮迫を告げてくる。（中略）以南としてもあれ程芸術に秀でながら、芭蕉の如く寂味のある孤独の旅人ともなれず、一茶の如く白眼を以て世を睨み憎み呪うの挙に出なかったのは、……一面秀子という賢婦人があって……四男三女を養育しつつ一切の家計を

切盛《きりもり》したればこそ、家職を断絶せしめなかったもので、その手腕と功績は驚嘆に値する次第であります。（中略）樹林院法音蓮秀大姉《じゅりんいんほうおんれんしゅうだいし》と諡号《しごう》し、円明院丘上橘屋の墓所に葬ったといいます。

と書かれている。

父の以南は天明六年（一七八六）五十一歳で隠居し、家督を二男の由之《ゆうし》に譲った。三年前に妻の秀子を亡くしたのと、その年は全国的な大飢饉で、出雲崎では米騒動が起きたりしたので、それでなくとも文学風流の気持ちが強かった以南は、隠退を決意したものと思われる。

由之はまだ二十五歳の若さだったが、兄の良寛とは違って聡明な、才子肌の人で、性格的には磊落豪放《らいらくごうほう》、派手好きなところがあり、家運を立て直そうと懸命になりすぎて、かえって住民の反感を買い、またしても没落の一途をたどらざるをえなかった。

以南は寛政三年（一七九一）、故郷や家族に永久の別れを告げて旅に出る。

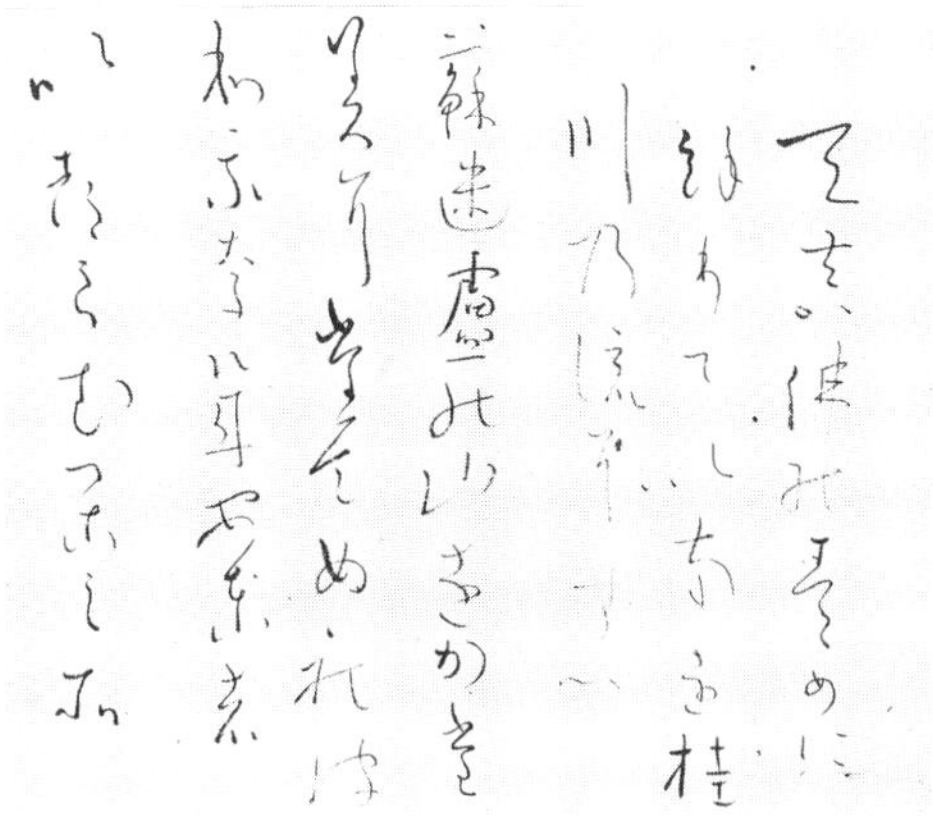

以南の辞世歌（良寛筆・糸魚川歴史民俗資料館蔵）

荒海や闇をなごりの十三夜

という同年九月十三日の吟句がある。翌四年三月二十日には、直江津（現上越市）から由之宛ての手紙を出している。こうして、いよいよ京へ上るのである。

京都には四男の香《かおる》（淡斎）がいたので、たぶん面会したものと思われる。香は漢学・国文学に長じ、博学多才であったが、寛政十年三月二十七日、二十八歳で夭折した。

以南は寛政七年七月二十五日、

天真仏の告により身を桂川にすつ

蘇迷盧《そめいろ》の山をしるしに立ておけば、わがなきあとはいつの昔ぞ

という辞世を残して、桂川に入水自殺したといわれる。蘇迷盧は須《しゅ》弥山《みせん》のこと。妙高山と訳す。仏教の世界観で、世界の中心にそびえ立つという山のこと。ただしここでは高野山を指している。

他方、桂川へ投身したと見せかけて、高野山へ身を隠した、とする説もある。

いずれにせよ、以南を自殺にまで追い込んだ理由は何か、これも

『出雲崎編年史』によると、

(1) 脚気を病んでいた。

(2) 良寛に会えなかった。

(3) 与板の実兄新木氏が、わずか二十日前の七月六日に病没した。

(4) 以南が勤皇思想をいだき、「天真録」を著わしたりしたので、幕府の追及を受け、身辺に危険を感じるようになった。

などが挙げられる。以南と勤皇思想についてはよく分からぬが、どうも以南の最期は謎に包まれている。

なお、以南の形見「朝霧に一段ひくし合歓《ねむ》の花」のほぼ半切大の句に、良寛が「みづぐきのあともなみだにかすみけり、ありしむかしのことをおもひて」と書き込みをしたものが木村家に、また良寛の筆になる「天真仏のすすめによりて以南を桂川の流にすつ／蘇迷《そめい》盧《ろ》の山をかたみにたてぬれば、わがなきあとはいづらむかしぞ」は糸魚川歴史民俗資料館に、同じく「そめいろのをとづれつげよるのかり」は良寛記念館に、それぞれ保存されている。

大《だい》而《に》宗龍《そうりゅう》との相見

大而宗龍は一七一七―一七八九年（享保～寛政）の人。禅僧。法系は徳翁良高―黙子《もくし》素渕《そえん》―悦巌《えつがん》素忻《そきん》―大而宗龍と続く。徳翁良高は岡山県円通寺の初祖。貞心尼が蔵雲和尚（最初の良寛詩集である「良寛道人遺稿」を木版本で刊行した人）に宛てた手紙に、良寛が宗龍に相見した様子が詳しく書かれている。

ただ良寛がいつ宗龍に面会したかは諸説があるが、良寛二十八歳、宗龍六十九歳の時、新潟県紫雲寺《しうんじ》町（新発田市）の観音院での出来事と推定される。

近藤万丈が土佐で良寛に会う？

近藤万丈は一七七六？―一八四八年（安永～嘉永）の人。江戸時代末期の国学者、歌人。岡山県玉島の生まれで、生家は現在菊池酒造を営んでいる。

近藤万丈が書いた「寝覚《ねざめ》の友」に、土佐（高知県）を旅したとき、

近藤万丈の生家（倉敷市玉島）

城下から三里ほど離れた山の麓に庵があり、そこで了寛と名のる僧に出会った、と記されている。

これは良寛が高知に滞在していたことを示す唯一の証拠ではあるが、もしそれが良寛三十七歳の寛政六年（一七九四）（三十四歳、寛政四年＝一七九二＝とする説もある）とすれば、この記録が書かれた弘化二年（一八四五）からさかのぼること五十年余、また万丈の日記には三十七歳の良寛を老僧と記述しているなど、多少の問題がないわけではない。

諸国行脚

良寛は国仙が遷化《せんげ》すると、諸国行脚《あんぎゃ》の旅に出た。良寛が円通寺を出たことについて、北川省一氏は、曹洞宗から追放されたとされ、柳田聖山氏は、逆に良寛の方から宗門に見切りをつけたとされた。

しかし私は、どちらの説も穏やかならぬものがあり、国仙から授けられた印可の偈の末句に「到処壁間午睡閑」、これから行く先々、昼寝がそのまま修行となるような生き方をしなさい、といって一本の杖を与えられた教えを守り、撥草瞻風《はっそうせんぷう》（草を払って風を見る）、諸国に正師を尋ねる修行に出かけたのだ、と素直に解釈している。

杖はいうまでもなく旅を意味する。良寛は師匠から藤づるの杖をもらい、後に述べる「高野紀行」では子どもたちから青竹の杖を買う。晩年老朽の身となってからは、もっぱら藜《あかざ》の杖を愛用する。良寛の杖が、藤づる—青竹—藜と変遷したのも面白い。

行脚は前にも触れたように、僧の大事な修行の一つであったから、円通寺時代にも、近くへの托鉢には出ていたであろうが、円通寺の住職が国仙から玄透即中《げんとうそくちゅう》に代わったことも、一つのきっかけとなり、良寛に遠国への旅を思い立たせたのかもしれない。即中は国仙遷化の報を受けると直ちに円通寺を弔問し、葬儀万端滞りなく済ませた。

国仙の門下に適当な後住者がいなかったので、内々後住が予定されていたらしい。諸般の手続きや準備を整えた後、九月十八日に晋《しん》山《ざん》式（新しい住職が初めてその寺に入る儀式）を行い、正式な寺主となった。即中は後に武蔵の竜穏寺を経て大本山永平寺第五十世となり、大復興を成し遂げた名僧であったが、あるいは良寛とは肌があわなかったのかもしれない。

ところで良寛行脚の地はどこであったか。およそ、中国、近畿、四国、九州方面と推定されているが、具体的な証拠や記録があるわけではない。柳田聖山氏は、良寛の足跡が不明な三十四歳から三十九歳までの数年間、中国へ密航していたのではないかと、大胆な推測をされているが、いかに良寛が中国に憧れていたとはいえ、少し無理なようである。

わずかに前述の近藤万丈「寝覚の友」と、良寛の「関西紀行」とがあるくらいである。「関西紀行」には新発見の部分もあるので、次に簡略に紹介することにしよう。

良寛の関西紀行

松尾芭蕉といえば「奥の細道」、「奥の細道」といえば松尾芭蕉、というように人と代表作とが直結している。

良寛の場合、漢詩集では「草堂集」「小楷詩巻」「法華讃」など、

須磨紀行の碑（神戸市須磨寺）

和歌集では「ふるさと」「くがみ」「良寛・由之兄弟歌巻」「いやひこ和歌巻」などがあるが、「奥の細道」のようにポピュラーに知られていない。

良寛の「関西紀行」は、須磨、京都、高野、吉野からなるごく短い紀行文で、もしこれが岡山から新潟までとか、四国や九州に及んでいれば、「奥の細道」に匹敵する文学作品になったのではないか、と惜しまれる。

1　須磨紀行

良寛が須磨を訪ねた時の紀行。日が暮れて宿を探したが、誰も貸してくれないので、綱敷《つなしき》天神の森で野宿をする。しばしまどろむと、夢の中に天神様が現れ、一夜語り明かそうと思ったら夢がさめた。それは睦月《むつき》（一月）二十四日の出来事であった。

と書かれている。文中の綱敷天神は現存しており、良寛が須磨寺を訪ねたことは疑う余地がない。

昭和六十二年（一九八七）五月三十一日、須磨寺正覚院に良寛像、良寛句碑、良寛須磨紀行碑が建立され、盛大な除幕式が行われた。

当時良寛が書いた原蹟が行方不明で、関係者が四方八方手をつくして捜したがどうしても見つからず、須磨紀行の全文四百九十一字は私が揮毫して石碑に刻された。

その後平成三年（一九九一）四月、偶然の機会に再発見され、糸魚川歴史民俗資料館に保存されていることが判明した。「良寛の須磨紀行百年ぶりに再発見」とばかりに、新聞や雑誌に大きく報道された。

2　京都紀行

この京都紀行は、それまで全く存在が知られていなかった新発見。糸魚川歴史民俗資料館で見つけられた。

縦二十五センチ、横一・七センチのこより程度の小さい紙片に書かれている。短い文章なので原文をご紹介すると、

はこの松は常住寺の庭にあり。常住寺(は)《脱》太子の建立なり。家《や》持《か》の歌に。

今日ははや鶴《たず》のなく音も春めきて、霞に見ゆるはこの島松

と二行に書かれている。常住寺は聖徳太子が建立されたお寺だとい

高野山奥の院参道

高野紀行の碑（和歌山県高野山町）

う。私はこの常住寺（浄住寺）は京都の常住寺（有名な苔寺〈西芳寺〉の近く）だろうと推定して京都紀行と名づけた。京都は父以南、弟香が亡くなった所なので、良寛が訪ねる必然性は極めて高い。

3　高野紀行

良寛が高野山へ登る時に書かれたものである。わずか五行の中に漢詩（七言絶句）と俳句とが書かれている。漢詩は、

一瓶一鉢《いっぴょういっぱつ》遠きを辞《じ》さず、裙子《くんす》褊衫《へんさん》破れて春の如し、又知る嚢《のう》中《ちゅう》無《む》一物《いちもつ》なるを、総て風光の為に此の身を誤る。

一つの水瓶《すいびょう》と一つの鉢の子がすべてという生活だが、遠く托鉢するのは苦労と思わない。着ている上着もはかまもボロボロになってしまった。袋の中は何も無い。すべて風光にあこがれた為に、わが身を誤ってしまったのだ。という。

俳句は、

こがねもていざ杖かわんさみづざか

の一句。作水坂に通りかかったら、里の子どもたちが青竹を切った杖を売っていたので、という詞書《ことばがき》がついている。高野山へ登る途中

吉野山の西行庵

に作水坂がある。高野山は空海（弘法大師）の聖地であり、また広大な墓所には、山本家の墓も安置されている。

平成十一年（一九九九）五月三十日には、高野山参道の豊臣《とよとみ》家墓所前の一等地に「良寛高野紀行の碑」が建立され、盛大な除幕式が行われた。

4　吉野紀行

良寛が吉野を訪ねたときの紀行文である。

吉野で一夜の宿を借りたら、翁が小さな竹を組んでいた。それは何かと尋ねると、これこそ「吉野の里の花筐《はながたみ》」だと答えた。蔵《ざ》王権現《おうごんげん》が桜の花が散るのを惜しんで、花びらを拾ってこの箱にもるのだそうだ。この花筺を持っている人は万《よろず》の災《わざわい》を免れる御利益があるのだ、と語ってくれた。

というのである。まことに美しい文章で、この結びとして、

つとにせむ吉野の里の花筐

の俳句一句が添えられている。吉野の里の花筐をおみやげにしようよ、というのである。

吉野紀行の碑（奈良県吉野町）

吉野の花筐

平成六年十月十三日、吉野町の蔵王堂の近く、後醍醐天皇行在所跡に、この吉野紀行の碑が建立され、盛大な除幕式が行われた。なお吉野紀行の原蹟は、新潟県長岡市和島の良寛の里美術館に秘蔵されている。

良寛の帰国については、寛政四年（一七九二）三十五歳説から寛政八年三十九歳説まで諸説があるが、いずれにせよ帰国の途次、須磨、京都、吉野、高野へ立ち寄り、それほど日を経ぬうちに書き留められたものであろう。

なお、「関西紀行」の原蹟写真、全文、詳細な考察などについては、拙著『加藤僖一論文集』所載「良寛の関西紀行」をご参照いただきたい。

帰国

良寛は諸国行脚の後、故郷の越後へ帰ってくる。それは最も早くて寛政四年三十五歳の時、最も遅くて寛政八年三十九歳の時、と幾つかの説がある。この五年間は良寛の足跡があまりはっきりせず、謎に包まれているが、一応従来の三十九歳説に従うこととする。

帰国の道筋については、京都から江戸へ出て、信濃の善光寺を詣で、糸魚川《いといがわ》街道を通って越後へ入った説と、京都から北陸道を通り糸魚川へたどり着いた説と両説がある。

良寛は一旦《いったん》故郷を捨てた人なのに、なぜ帰国したのであろうか。

故水上勉氏は、岡山で五十年ぶりの雪に合い、良寛も故郷の雪が恋しくなったからだ、といい、山折哲雄氏は、日本海の夕日が見たくなったからだ、という。もう少し理屈をいえば、釈尊は最後に生まれ故郷の藍毘尼園《らんびにおん》へ帰ろうとし、道元も福井の永平寺を出て京都へ帰ろうとした。良寛はずっと若い帰国だから、釈尊や道元を意識したかどうかは分からぬが、一つには帰巣本能的要素があったかもしれない。

帰国時に立ち寄ったといわれる善光寺（長野市）

しかし故郷へは帰っても、実家へは戻れない良寛であった。近くにいて、それとなく見守る以外、なすすべのない良寛であった。

北陸路にせよ、信濃路にせよ、良寛が越後へたどり着いた最初の地は、糸魚川《いといがわ》であった。そこで良寛は早くも病気になる。良寛の帰郷に、華々しさは全くなく、これから先が思いやられる。

こうして懐かしい故郷に帰っては来たが、生家へ立ち寄ることはなく、各地の空庵を転々とした。

その一つ、長岡市寺泊郷本《ごうもと》の空庵については、文化八年（一八一一）に書かれた橘崑崙《たちばなこんろん》の『北越奇談』に、おおよそ次の記録がある。

> 海浜の郷本に空庵があったが、ある晩旅僧がきて泊まるようになった。翌日近村を托鉢し、その日の食に足りれば帰り、あまれば鳥獣にわけ与えた。兄の彦山《げんざん》に告げたところ、その空庵へ出かけていったが、あいにく留守であった。中へ入ってみると、机の上に硯と筆、炉の中に土鍋一つがあり、壁の上には詩

「良寛空庵跡」碑（長岡市寺泊郷本）

が書いてあった。その筆跡は間違いなく、文孝（良寛の幼名）のものであった。隣人が出雲崎の生家に知らせたところ、家人が迎えにきてつれ帰ろうとしたが、良寛は従わなかった。その後、行方が分からなくなった。（以上原文より要約）

これはかなり信頼性のおける記述で、帰国早々既に良寛の詩や壁書きが高く評価されていたことが分かる。この空庵はいわゆる塩焼《たき》小屋で、今は海中に没してしまい、「良寛空庵跡」の碑には「自是在西方海中十メートル処」（是《これ》より西方海中十メートルの処《ところ》に在《あ》り）と記されている。

良寛が帰国したころ作られたと思われる詩、

郷に還《かえ》る

出家して故国を離れ、高僧を尋ねて教えを乞い、雲水になって幾春を迎えただろう。きょう故郷に帰って、旧友の消息を訊ねると、大半は苔むす土の塵に化したという。（東郷本による）

弟たちの死

この時期に良寛は、弟の香と円澄との二人を失っている。

まず良寛が四十一歳の寛政十年（一七九八）三月二十七日、以南の四男橘香《かおる》（号淡斎）が、二十八歳の若さで死亡した。香は博学多才、京都に上って禁中学士菅原長親《すがわらながちか》卿の勤学館成学頭《きんがくかんせいがくのとう》となり、禁中の詩会にも折々出席した（貞心尼筆「浄業余事《じょうぎょうよじ》」）、京都菅原博士の塾長を務めた（鈴木文台《ぶんたい》）ほどで、漢学、国文学に通じた秀才であった。以南の四十九日の法要の折、詠んだと思われる歌が「天真仏」に伝えられている。

いとまなくそれぞれ涙の藤ごろも、浅きや色のなりはてぬらむ
（橘《たちばな》　須毛利《すもり》）

何事もいづらむかしの世の中に、わが身ひとつもあるはあるかは
（橘かをる）

右の須毛利《すもり》（巣守《すもり》）は二男の由之であり、香の歌は父の辞世歌

蘇迷盧《そめいろ》の山をしるしに立てをけば、わがなきあとは出づらむかしぞ

山本家菩提寺・円明院（出雲崎町）

を踏まえていること、明白である。そのほか大島花束氏の『良寛全集』には、多くの漢詩、和歌、俳句などが紹介されているが、

橘の香が行ゑあはれなり　（香）

の句はいささか暗示的で、禁中に出入りしていた関係で幕府から追及されていたのかもしれず、父親の悲劇的な死もあって、病死説・自殺説の二つがある。

ついで翌々十二年、以南の三男円澄（字は観山）が、正月五日、三十一歳の若さで亡くなった。円澄は出雲崎の真言宗円明院《えんみょういん》第八世快雅和尚により得度、第九世観如房専澄和尚の法弟となり、同院の第十世を継いで快慶《かいけい》といった。良寛の歌に、

はらからの阿闍梨《あじゃり》（円澄をさす）のみまかりしころに、皆来て
法門のことなど語りて

おもかげの夢にうつろふかとすれば、さながら人の世にこそありけれ

がある。

せっかく帰国したというのに、次々と二人の弟を亡くした良寛の

悲しみは、いかばかりであったろうか。

原田鵲斎、大村光枝との交流

次にこの期間、良寛と交流のあった二人を挙げておこうと思う。

原田鵲斎《じゃくさい》は、燕市分水真木山の庄屋原田仁左衛門の三男で、宝暦十三年（一七六三）生まれ、良寛より五歳年下である。幼名を常七といい、のち宗四郎と改めた。諱《いみな》は有則《ありのり》。二十三歳の時分家して、のち鵲斎と号した。閑々舎はその家号で、良寛の作に「閑々舎」と書いた横額がある。晩年は加茂に隠居して、余年斎といった。五十六歳の時中島へ移り、文政十年（一八一三）六十五歳で死去した。医を業とし、文学に優れていた。遺稿には詩・歌・俳諧・連歌など、数巻がある。良寛と非常に親しく交わり、寛政九年（一七九七）には「尋良寛上人」と題する詩、同十二年には「題良寛法師破木椀《はもくわん》」「春日宿良寛法師五合庵」などの詩がある。従って、寛政九年、十二年には、良寛が五合庵に一時住んでいたことが分かる。

なお鵲斎の長男が正貞《しょうてい》である。正貞は寛政元年生まれで良寛より

中山の草庵（西照坊・出雲崎町中山）

三十一歳年下にあたる。幼名を太一といい、のち正貞と改め、また維則《これのり》とも称した。父と同様、医を業とした。正貞も良寛と唱和の歌を残しており、父子二代にわたる良寛のよき詩友であった。

現在、燕市分水に原田家があり、裏庭には解良《けら》家から移築された良寛愛用の茶室がある。ともに市の文化財に指定されている。同家から出た原田勘平氏は、近年屈指の良寛研究家であった。

大村光枝は藤原光枝、羽柴行蔵、大村彦太郎などと称し、村田春海の門人。光枝の『こしぢの紀行』によれば、享和元年（一八〇一）、良寛四十四歳の時に五合庵を訪ねている。初めは六月四日と推定されるが、良寛は留守であった。翌月再度五合庵を訪ね、良寛と歓談し、互いに歌を詠み交わしている。

光枝の歌の詞書《ことばがき》に、「国上の山といへるに住める何がしの大徳をとぶらひ侍りしに」とか「つとめてまかり出むとするにあるじ良寛禅師」とかと書かれ、当時名高い江戸の国学者・歌人である光枝が、良寛を大徳とか禅師などと尊称している。斎藤茂吉氏は「光枝は到底良寛の相手ではない感がする」と述べているが、たった一度の出

照明寺密蔵院（長岡市寺泊）

会いで、良寛の真価を見抜いた光枝もさすがといえよう。
しかし良寛は光枝から謙虚に学び「古語解」「日本書紀齊明紀童謡考」などを書き残している。光枝が文化十三年（一八一六）四月十六日、六十四歳で亡くなったことを知ったときには、哀悼の歌を詠んだり、手紙を書いて知人に知らせたりしている。

享和元年（一八〇一）には、俳人前川丈雲によって、以南の七回忌追善句集『天真仏』が、京都の書店から刊行された。同書の巻頭には、以南の辞世の歌、続いて各氏の追悼句が載せられ、前に例示した橘須毛利《すもり》、橘かをる兄弟の歌や、良寛の、

そめいろの音信告げよ夜の雁《ずれ》

の句などが収められている。

五合庵時代

文化元年（一八〇四）、それまで郷本《ごうもと》の空庵、中山の草庵、国上の

国上寺（燕市国上）

五合庵、本覚院、寺泊の照明寺密蔵院、野積《のづみ》の西方寺など、各地の空庵を転々としていた良寛も、この年それまで住んでいた義苗《ぎびょう》が亡くなって空庵となったため、五合庵へ定住するようになった。四十七歳のことである。

国上寺《こくじょうじ》は国上山《くがみやま》の中腹にあり、元明天皇和銅二年（七〇九）の創建で、泰澄《たいちょう》法師の開基といわれている真言宗の名刹《めいさつ》である。山内には弘法大師が密教流布の地を卜《ぼく》して五鈷《ごこ》（真言宗の仏具。両端に五つの鉾《ほこ》形のある金剛杵《こんごうしょ》）を投げたら、それが掛かったという五鈷掛けの松がある。昔は七堂伽藍《がらん》と三十六坊寺を擁《よう》していたが、今は無量寿閣《むりょうじゅかく》（阿弥陀堂）、客殿、庫裡《くり》、六角堂、大師堂などから成っている。

五合庵は、国上寺から西坂を二百メートルほど下った所にあり、貞享年間（一六八四〜一六八七年）に客僧万元《ばんげん》のために造られた庵である。万元は和泉《いずみ》国（大阪府南西部）吉野郡の人で、姓は広橋氏、名は慧海《えかい》といった。十六歳で比叡山《ひえいざん》にのぼり、僧正《そうじょう》憲海について学ぶ。

のち越後の国上山に旧知の良長僧都《そうず》を訪ね、当時衰微していた国上寺の再興に、寝食を忘れて尽力した。五合庵に住み、日に五合の米を恵まれた。享保三年（一七一八）三月二十三日、六十歳で示寂《じじゃく》。遺言により、五合庵のすぐ隣にお墓がある。

万元は詩歌の才に優れ、「老の寝覚《ねざめ》」「野路の杖」などの著がある。五合庵はその後、良寛が住むようになって一躍有名になり、良寛敬慕者のメッカとなっているため、良寛が名付けたように思われやすいが、そうではない。

万元の建てた五合庵は、八畳一間とも四畳半一間ともいわれている。内藤久武が五合庵を訪ねて良寛と詠み交わした歌に、

いつよりもこころにかけしきみが庵、尋ね来にけり今日ぞうれしき　（久武）

わがやどは竹の柱に菰《こも》すだれ、しひてをしませひとつきの酒　（良寛）

がある。この歌によれば、柱は竹で、入り口に菰すだれが下げてあったらしい。良寛の別の歌に、

五合庵

すがのねのねもころごろに奥山の、竹のいほりに老いやしぬらむ

もあり、庵とはいえ、実に粗末な建物であり、これでは大雪に遭ったら、ひとたまりもなく壊れてしまうであろう。

現在の五合庵は、大正三年（一九一四）に建て替えられており、間口二間、奥行き一間半、ほぼ六畳一間の木造かやぶきの建物である。電気はいまだになく、水道は昭和五十二年（一九七七）ごろ、近くに取り付けられた。以前は近くに清水がわき出ていたともいわれ、また下の本覚院へ行く途中に弁慶井戸があるので、それらを飲用していたと思われる。近くに国上寺や本覚院、宝珠院、若干の集落があるとはいえ、ここで一人暮らしをするとなったら、誰しも躊躇するような場所である。周囲はうっそうたる林に覆われ、ちょっと仙人の生活に近づくような雰囲気がある。

庵の正面には、中林梧竹の書になる「五合庵」の木額が掛けられている。裏面には「大正八年五月寄贈、新潟市小林二郎、七十九歳」と書かれており、小林氏が寄贈したことが分かる。小林氏は、貞心

「たくほどは」句碑

「あすからは」歌碑

尼の『蓮《はちす》の露』を除くと、最初の良寛歌集（村山半牧《はんぼく》編）を出版した人である。一時この額が行方不明になったため、現在は複製の額が掛けられている。

五合庵の前庭には、有名な、

たくほどはかぜがもてくるおちばかな　良寛書

の句碑や、

あすからはわかなつまむとおもひしに、きのふもけふもゆきは
ふりけり　沙門良寛

の歌碑が建てられている。

五合庵時代の生活を、良寛の詩によってしのんでみよう。

三坪ばかりの住まいはひっそりと淋しく、終日あたりに人影もない。静かな空の下にひとり端坐して、落葉のしきりにする音を聞いている。

（東郷本による）

五合庵は、良寛の法華道場ともいわれ、一般の詩歌や書の制作と

ともに、「法華転」六十七首、「法華讃」百二首など、法華経を徹底的に読み込み、法華経を讃嘆するとともに、禅の立場から独自な解釈と修行をすすめた。

良寛が釈尊の生まれ変わりといわれるゆえんである。「法華讃」については拙著「良寛・法華讃」（求龍堂）をご参照いただきたい。

亀田鵬斎との交流

五合庵を訪れた人に亀田鵬斎《ぼうさい》（宝暦二＝一七五二～文政九＝一八二六）がいる。鵬斎は江戸の儒者、漢学者、書家として有名であった。良寛との出会いは文化六年（一八〇九）（良寛五十二歳）と思われる。二人は初対面ですっかり意気投合したらしく、多くの逸話を残している。江戸川柳に「鵬斎は越後がへりで字がくねり」とまで詠まれた。

鈴木文台との交流

もう一人、文化十年に鈴木文台《ぶんたい》と出会っている。良寛五十六歳、

長善館址碑（燕市粟生津）

長善館跡に立つ良寛書「天上大風」碑

文台十八歳である。文台は燕市粟生津《あおうづ》の儒者で、兄の桐軒《とうけん》とももども博学をもって知られた。文台は太田芝山が越後へ来たとき師事し、師を助けて論語や唐詩選の講義をした。それを聞いた良寛が「将来必ず大器を成すだろう」と賞讃した。

文台は長善館を開いて多くの門弟を教育し、『賈子新書纂註《かししんしょさんちゅう》』『戦国策』その他の著を成した。良寛を顕彰した功績も大きく、阿部家書巻跋文には、

余弱年かつてその草庵にいたる。机上石硯禿筆《とくひつ》紙五、六十張、皆黒きこと漆の如し。板側に双鉤《そうこう》の自序帖《じじょちょう》一巻あり、嗜好の篤きを見るべし。其の草書は二王《におう》張懐《ちょうかい》（中国東晋の王羲之《おうぎし》・王《おう》献之《けんし》父子、及び中唐の張旭《ちょうきょく》と懐素《かいそ》）及び秋萩帖より出ずること、人皆知る所なり。其の楷書の如きは、則ち貞白の瘞鶴銘《えいかくのめい》（中国梁《りょう》の陶弘景《とうこうけい》が書いたといわれる碑銘）及び魯直《ろちょく》の七仏偈《しちぶつのげ》（中国宋の黄庭堅《こうていけん》が書いた作品。釈尊以前の六仏と釈尊を加えた七仏をたたえた文）にして、世間観《み》るもの少し。……（原漢文）

と書かれている。ここで興味を引かれるのは、文台が五合庵を訪ね

阿部定珍の墓（高知県窪川町）

た折の描写と、後半の二王、張懐、秋萩帖、瘞鶴銘、七仏偈など、良寛の書の源流を知る、貴重な手がかりが得られる点である。

また「草堂集序」には、

良寛師には必ず伝うべきものが三つある。道徳のことは別にして、寒山拾得《かんざんじっとく》の詩、懐素高閑《かいそこうかん》の書、万葉の遺響《いきょう》たる和歌。（原漢文）

と指摘している。良寛の芸術表現として宗教は別にして、詩・書・歌の三方面があることを論じた早い時期のもの（嘉永二年＝一八四九＝）といえよう。

阿部定珍との交流

五合庵を最も頻繁に訪れたのは、阿部定珍《ていちん》であろう。定珍は燕市渡部の庄屋で、通称造酒右衛門《みきえもん》、家号を嵐窓・月華亭・偕楽軒・養生館などといった。和歌詩文を好んだ。法華経の熱心な信者で、天保九年（一八三八）四国霊場巡拝に出かけ、土佐の国で病気のため客死した。

阿部家（燕市渡部）

良寛と定珍との贈答歌はかなり多いが、

しまらくはここにとまらむひさかたの、のちには月のいでむと
おもへば　（定珍）

月よみの光りをまちてかへりませ、山路は栗のいがのおつれば　（良寛）

は特に有名である。

阿部家には、良寛の詩稿・歌稿・書簡その他の遺墨がおびただしく伝存され、昭和五十五年（一九八〇）三月、国の重要文化財に指定された。（拙編『重要文化財・阿部家伝来・良寛墨宝』〈二玄社〉参照）。阿部家は木村家、解良《けら》家とともにご三家と称されている。

このほか岩田洲尾《しゅうび》、中江杜澂《とちょう》、坂口文仲《ぶんちゅう》、井上桐麻呂《きりまろ》などが、良寛を訪ねている。

橘屋の没落

この時期、良寛には非常に悲しい出来事があった。それは生家橘屋の没落である。ここでごく簡単にその経過をたどってみよう。

石井神社（出雲崎町石井町）

○宝暦十一年（一七六一）（良寛四歳）
敦賀屋（鳥井家）が神社祭礼の件で、橘屋を代官所に訴えた。
○宝暦十三年（良寛六歳）
金紋高札問題（名主であることを示す金箔の家紋や、制度を示す札を出すこと）で尼瀬《あまぜ》の京屋（野口家）と争い敗れる。
○安永四年（一七七五）（良寛十八歳）
以南が敦賀屋の代官所式日参賀を咎《とが》めた。
敦賀屋は以南の横暴を内訴し、以南は代官所から説諭される。
○天明五年（一七八五）（良寛二十八歳）
石井神社の社地の所有権について、橘屋と京屋とが争っていたが、羽倉権九郎代官の審判により、京屋の所有と決定された。また代官所を京屋のある尼瀬から出雲崎へ復帰させる訴訟にも敗れた。
○天明六年（良寛二十九歳）
以南は失意のうちに隠居し、二男の由之が家職を相続する。
○寛政十一年（一七九九）（良寛四十二歳）
由之は家筋書を水原《すいばら》役所に提出する。

○寛政十二年（良寛四十三歳）
由之は代官所を出雲崎へ復帰させるべく、多額の運動費を携えて江戸へ出かける。しかし、翌年、由之の敗訴となる。
○文化元年（一八〇四）（良寛四十七歳）
農民たちが出雲崎役所に対し、名主役を敦賀屋に交代するよう訴える。
○文化二年（良寛四十八歳）
敦賀屋は水原奉行所へ駈込《かけこ》み訴訟をする。
○文化七年（良寛五十三歳）
十一月、由之は遂に家財取り上げ、所払い（財産没収、国外追放）の判決を受ける。これで八百年の伝統ともいわれる出雲崎随一の名家も、完全に没落してしまった。

由之は何とかして家運を立て直そうと努めたが、懸命になればなるほど裏目に出て、かえって反感を買い、争いを起こし、自ら墓穴を掘る結果となった。

良寛は近くにいながら何ら援助の手を差し伸べることが出来ず、悲痛な思いを味わったことであろう。

妹の死

悲しいことといえば、良寛と親しい人が次々と亡くなっていった。まず妹のたか子が文化九年（一八一二）四月三日、四十四歳で亡くなった。

良寛には妹が三人あり、以南からみて長女のむら子は宝暦十年（一七六〇）生まれ。寺泊の外山文左衛門に嫁し、文政七年（一八二四）十二月十七日、六十五歳で亡くなった。

二女のたか子は明和六年（一七六九）生まれ。出雲崎の高島伊八郎に嫁し、文化九年に亡くなった。

三女のみか子は安永六年（一七七七）生まれ。出雲崎浄玄寺の大久保智現《ちげん》に嫁し、老いてから剃髪して妙現尼といった。嘉永五年（一八五二）十一月二十六日、七十六歳で亡くなった。

仙桂和尚墓石跡（倉敷市）

有願歌碑と安骨碑（田面庵・新潟市新飯田）

親しい人々の死

その他、仙桂、三輪左一、有願《うがん》、富取之則《ゆきのり》、大村光枝、大忍魯仙、玄乗破了、中江杜澂《とちょう》（五適）などがこの世を去った。

仙桂は、前述したように、国仙門下の兄弟子で、良寛が最も尊敬していた。大村光枝も前述した江戸の国文学者、歌人。玄乗破了も前述の光照寺の住職で、良寛の兄弟子に当たる。

三輪左一と富取之則とは旧友。それぞれ「左一の順世（禅僧が亡くなること）を聞く」「之則の物故を聞く」と題する弔詩を詠んでいる。

有願は元文三年（一七三八）三条市代官島の庄屋田沢孫右衛門の長男に生まれる。良寛より二十歳年長に当たる。十四歳で茨曽根《いばらそね》永安寺の古岸大舟につき得度。赤塚の大慈寺、悦巌素忻《えつがんそきん》に学ぶ。のち佐賀、姫路、江戸、上州などを遍歴したのち、五十歳を過ぎて燕市万能寺の第六世住職となった。五十七歳の時、新飯田《にいだ》（新潟市南区）の田面《たのも》庵（円通庵）第三世住職となり、五十九歳以降良寛と交わる。九百首以上の漢詩を作り、懐素も唖然とする豪放磊落《らいらく》な狂草《きょうそう》体の

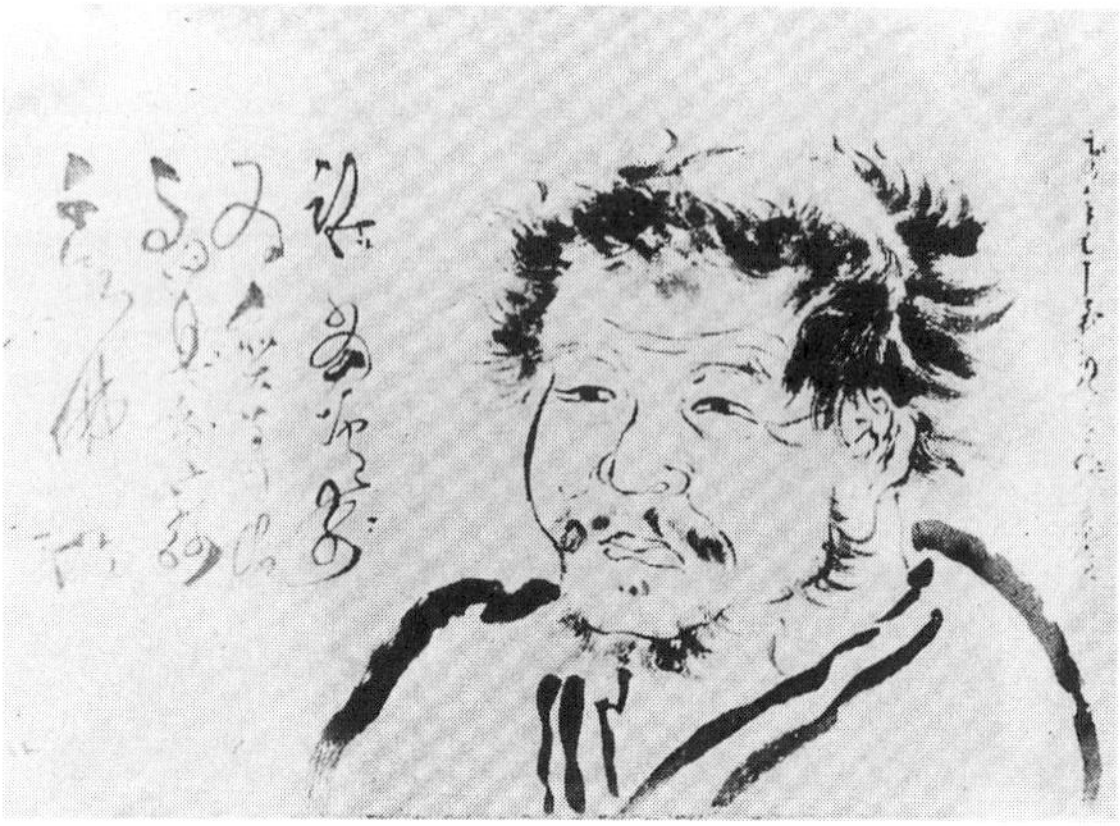

有願和尚自画像

書を書き、狩野玉元に学んで本格的な絵を描いた。

しかし生活は極めて質素で、村の子どもたちに手習いを教えたり、村の道路工事などに献身的に働いた。文化五年（一八〇八）八月三日、七十一歳で示寂。

良寛は同じ曹洞宗の先輩である有願から、禅思想、漢詩、書、生き方などに非常に強い影響を受けた。

良寛は有願について七編の漢詩を詠んでいるが、有願が亡くなった後の詩を一首ご紹介しよう。

去年三月江上の路《みち》
行くゆく桃花を看《み》て君が家に到る
今日再び来《きた》るも君見えず
桃花は旧《きゅう》に依《よ》って正《まさ》に霞の如し

なお『有願和尚書画集』（良寛研究所）をご参照いただければ幸いである。

大忍魯仙《ろせん》は出雲崎出身で幼名を佐久太といい、埼玉県深谷市の慶

遍澄の歌碑（地蔵堂・願王閣）

福寺住職となった。詩集『無《む》礙《げ》集』を残したが、その一節に、

良寛老禅師、愚の如く又癡《ち》の如し。身心総脱落《しんじんそうだつらく》、何物か又疑うべけん。

があり、天童如浄《にょじょう》の「身心総脱落」を良寛に重ね合わせている。

中江杜澂《とちょう》（五適）は京都の人で若くして出家し、書・画・篆刻《てんこく》・詩・琴などをよくした。出雲崎に長く滞在し、文化十三年（一八一六）に客死した。良寛と合作の書を残している。

遍澄《へんちょう》の訪問

遍澄は享和元年（一八〇一）、長岡市和島に生まれ、文化十三年（一八一六）、五合庵を訪ねて良寛の弟子となった。良寛が亡くなるまで身の回りの世話をした。

文政九年（一八二六）、地蔵堂《ちぞうどう》の願王閣《がんのうかく》主となり、富取《とみとり》芳斎に学んで画をよくした。明治九年（一八七六）七十五歳没。

乙子神社（燕市国上）

乙子《おとこ》神社草庵時代

文化十四年（一八一七）、良寛六十歳の時、長く住み慣れた五合庵から、少しふもとに近い乙子神社の草庵に移った。あるいは前年とする説もある。移った理由についても、五合庵の傷みがひどくなったとか、老年になって病気がちとなり薪水の労に耐えられなくなったからだ、などといわれている。

乙子神社は、弥彦《やひこ》神社の祭神、天香語山命《あまのかごやまのみこと》の御子、建諸隅命《たてもろすみのみこと》（乙子命）を祭っている。弥彦神社は、国上山の北隣にある弥彦山にあり、元明天皇和銅四年（七一一）の創建とされ、越後一の宮として今に栄えている。万葉集にもいやひこの歌が二首収められ、早くから開けていたことが分かる。

乙子神社に向かって左側に、良寛が隠棲していた草庵がある。ただし良寛在住当時のままではなく、明治十八年（一八八五）六月、乙子神社拝殿建築の際、その残材をもって再建された。三間からな

乙子神社草庵

る約十一坪の草庵であった。さらに昭和六十二年（一九八七）四月二十日に取り壊され、現在の草庵が新築された（同年七月十九日、竣工式）。

乙子神社草庵時代の良寛は、詩、歌、書などの創作に旺盛な意欲を見せた。

当時を詠んだ詩に、

少小より文を学びて儒《じゅ》となるに懶《ものう》く、
少年より禅に参じて燈《ともしび》を伝えず、
今《いま》草庵を結んで宮守《みやもり》となり、
なかば社人に似、なかば僧に似たり。

があり、また歌には、

いざここにわが世はへなむ国上のや、乙子の宮の森の下いほ
乙宮の森の下やの静けさに、しばしとてわが杖移しけり

などがある。

詩碑「君欲求蔵経」（楽山苑・長岡市与板）

維馨尼墓（徳昌寺・長岡市与板）

維馨尼《いきょうに》との交流

維馨尼は長岡市与板の三輪家（大坂屋）第六代長高の娘で、俗名をおきしといった。山田杢左衛門《もくざえもん》に嫁いだが、夫と死別後三輪家に戻り、出家して徳充院と号した。文政五年（一八二二）二月八日没。五十八歳。

徳昌寺の虎斑《こはん》の弟子となった関係で、文政元年、虎斑が大蔵経《だいぞうきょう》九〇五六巻を購入するため伊勢の松坂まで赴いたが、そのとき、代金二百二十両のうち、五十両しか持参できなかった。その残金を調達すべく、維馨尼は江戸へ托鉢に出かけた。

それを聞いた良寛はひどく感激して「君蔵経《ぞうきょう》を求めんと欲し、遠く故園の地を離る、ああ吾《われ》何をかいわん、天寒し自愛せよ」という詩を書いて送った。

近ごろ、貞心尼、およしさ（良寛に「ほたる」というあだ名をつけた人）とともに、良寛をめぐる三人の女性の一人に挙げられているが、良寛の片思いの傾向が強い。維馨尼は虎斑への敬慕の念の方が強かったように思われる。

なお虎斑は、文政三年、松坂まで出かけた旅行記「請蔵南行爛葛《らんかっ》藤《とう》」を出版している。

東北地方への旅

良寛は文政四年（一八二一）ごろから、二、三年、東北地方の旅に出たようだ。良寛の遺墨の中に「也奈伊津《やないづ》の香聚閣《こうじゅかく》に宿り、早《つと》に興《おき》て眺望《ちょうぼう》す」「玉川駅に宿す」「米沢道中」などと題する詩があり、福島県柳津、山形県米沢などを回ったのではないかと考えられる。山形の鶴岡には、師の大森子陽《しよう》の墓碑があり、そこを詣でたのかもしれない。

旅から帰ってきたときの詩に、

この乙子神社を二、三年前に離れて立ち去り、今日ふたたび戻って来た。遍歴の旅が無事であったのは、二つの目ん玉が前通り二つの眉の下についているので、どうかはかり知ってもらいたい。

（東郷本による）

ほかがある。

「萬葉和歌集」

万葉の研究

この期間に行われた大きな仕事は、万葉集の注釈であろう。前述の阿部家に「仙覚本万葉集二十巻」（重文）があり、その木版本に朱墨で注を入れる作業が行われた。その際良寛は、加藤（橘）千蔭《ちかげ》著「万葉集略解《りやくげ》」（二十巻三十冊）を与板の三輪権平《ごんぺい》から借りて参考にしている。

良寛は阿部家から「万葉集」を、三輪家から「略解」を、数巻ずつ借りては返し、返しては次を借りる方法で、遂に全巻の朱注を完成した。その詳細は、「阿部定珍宛書簡」、「三輪権平宛書簡」が合計十四通ほど伝えられており、具体的に跡づけることが出来る。

また万葉集約四千五百首の中から、百九十首の秀歌を抄出して「あきのの」一冊を書き残している。

良寛が「万葉調の歌人」とか「万葉調中の良寛調を完成させた人」とかと評価されるのも、こうした地味な努力によるのである。

峨眉山全景（中国四川省）

峨眉山麓の良寛詩碑

中国から橋杭の漂着

ちょっと面白い出来事があった。文政八年（一八二五）良寛六十八歳の時、柏崎海岸に一本の流木が漂着した。長さ約二・七メートル、頭部に人面が刻され、前面には「娥眉《がび》山下喬（橋）」の五文字が刻されていた。

良寛がその実物を見たかどうかは定かでないが、次の一詩を作った。

知らず落成いずれの年代ぞ、
書法遒《しゅう》美《び》かつ清新、
分明《ぶんめい》たり我眉《がび》山下の橋、
流れ寄る日本宮川の浜

ここに登場する峨（蛾・娥・我）眉山は中国四川省にある山で標高三〇九九メートル、中国三大霊山の一つで普賢菩薩《ふげんぼさつ》を祭っている。この話は鈴木牧之《ぼくし》の『北越雪譜』や藍沢《あいざわ》南城の『三餘集』にも収録されている。

平成二年（一九九〇）八月には中国四川省峨眉山麓に良寛の詩碑

が建立され、良寛を通して日中友好が深まった。詳しくは拙著『良寛と峨眉山』（良寛研究所）をご参照いただきたい。

牧野忠精《ただきよ》の来訪

この期間、新たな訪問者は、それほど多くない。一人だけ挙げると、文政二年（一八一九）長岡藩主牧野忠精が国上寺を参詣。その折良寛を城下へ迎えたいと懇請したが、良寛は

たくほどは風がもてくる落葉かな

の句を示して、応じなかった。良寛は山中の一人暮らしがむいていたのである。

解良《けら》叔問《しゅくもん》の死

阿部定珍と並んで良寛の庇護者ともいうべき解良叔問が、文政二年（一八一九）八月二十四日、良寛六十二歳の年に亡くなった。五十五歳だった。解良家は代々村上藩の庄屋役を務めた名家で、叔問はその第十代に当たり、明和二年（一七六五）の生まれ。温厚篤実

解良家の地蔵尊

解良家（燕市牧ヶ花）

な性格で、村民から慈父のごとく敬愛された。

良寛は日ごろ、物を恵まれている返礼の意を込めてか、法華経を書写して進呈した。解良家では文化十四年（一八一七）三月、屋敷の近くに地蔵尊の石像を建て、その下にその法華経を埋めたといわれている。

叔問の末子栄重《よししげ》は、文化七年に生まれ、幼名を正八、別号を子直、牧羊子などといった。父親譲りの学問好きで、江戸へ出て国学や和歌を学んだ。橘守部《もりべ》、林国雄、林甕雄《みかお》、鈴木重胤《しげたね》、近藤万丈などから教えを受けている。

良寛が亡くなった天保二年（一八三一）に、栄重は弱冠二十二歳だったが、『良寛禅師奇話』を書いたことは、特筆大書すべきであろう。『奇話』は罫の入った半紙十四枚に漢字片仮名交りで書かれ、長短五十二話を収めている。

それをごく大雑把に要約すると、

> 良寛は神気が内にみちて秀発していた。その形容は神仙のようであった。性格は温良でかつ厳正、少しも抹香くささがなかっ

た。音吐朗暢《ろうちょう》として、聞く者はおのずから信じる気持ちになった。動作は閑雅で、常にゆったりと余裕があった。起居はしずかで一見愚のように見えたが、優游《ゆうゆう》とした様子は何とも言い表わしようがないほどだった。

となろうか。何といっても、良寛と直接交わった人の筆録だけに、最も信用がおかれ、良寛研究の根本資料となっている。

拙著『良寛と禅師奇話』（考古堂）に全文が影印されている。

九二筆「草庵の図」（糸魚川歴史民俗資料館蔵）

木村家庵室時代

良寛は文政九年（一八二六）六十九歳の時、二十年以上住み慣れた国上山を下りて、長岡市和島の能登屋《のとや》こと木村元右衛門家へ身を寄せることになった。

貞心尼の『蓮の露《はちす》』を読むと、第一に木村元右衛門が移住を勧めたことが分かる。第二には良寛の身の回りの世話をしていた遍澄《へんちょう》が分水の願王閣《がんのうかく》へ入ることになり、良寛一人を山中に残しておくに忍

木村家（長岡市和島）

びず、移住を勧めたことが考えられる。そして第三には貞心尼は良寛が木村家へ移ってから初対面を迎えるのであるが、その以前から知っていたとすれば、彼女も一枚絡んでいたであろう。

良寛が七十近い老年まで山中の一人暮らしを貫いたのは石田吉貞氏が指摘されたように、師の大忍国仙の教え、曹洞宗開祖道元《どうげん》の『正法眼蔵《しょうぼうげんぞう》』の教え、『高僧伝』そのほかの教えを守り、それに中世以来流れてきた隠遁《いんとん》の思想とが結びついて山上独居、独処草庵の生活を身をもって実践した、といえよう。

従って、山をおりることは清浄界から塵埃《じんあい》の世界へ落ちるような一大事件だったに違いない。ただ良寛を弁護するならば、木村家へ移ってからも母屋へ同居することはせず、裏庭の物置小屋を改良した庵室に独居の生活を続けた。

良寛終《つい》の住処《すみか》となった庵室はどんな様子だったのだろうか。それを知る唯一の貴重な絵が糸魚川市の糸魚川歴史民俗資料館に保存されている。九二という画家が描いたもので、それを見ると囲炉裏《いろり》を前に良寛と二人の訪問客が相対し、良寛は土間にむしろを敷いた上

大蔵経蔵と大蔵経碑（隆泉寺・長岡市和島）

に坐っている。右側に一束の薪、左側に一つの水甕《がめ》と水桶といったごく粗末な庵室である。現在この庵室は既になく、「良寛禅師庵室跡」の碑（安田靫彦《ゆきひこ》書）が建てられている。

この期間の主な出来事を拾ってみると、大蔵経記を書いたこと、三条の大地震、木村周蔵への戒め、弟由之との交情、貞心尼との出会いなどが挙げられよう。以下順に述べてゆく。

大蔵経記を書く

「大蔵経」は「一切経」ともいわれ、仏教聖典の総称、あらゆるお経を網羅《もうら》収集したものである。木村元右衛門利蔵《としぞう》が先代元右衛門の遺言を守り、木村家の菩提寺《ぼだいじ》である隆泉寺へこれを収める経蔵《きょうぐら》とともに寄進した。

この大蔵経は六七七一巻からなる黄檗版《おうばくばん》の木版で、現在も経蔵の三方の棚にビッシリと納められている。

良寛はこの美挙に感動して大蔵経記を書いた。木村家には紙本のほかに木の板に書いたものもあり、また隆泉寺の経蔵の前には石碑が建てられている。文章は少し長いので省略する。

三条大地震

文政十一年（一八二八）十一月十二日、三条市に大地震が起こった。死者千四百余名、負傷者千七百余名、倒壊焼失家屋一万数千軒という大被害であった。

良寛はこの地震について人心が緩んだ結果だととらえ、数首の漢詩を詠んでいる。また地震の見舞い状も数通出している。最も有名な山田杜皐《とこう》宛ての一通をご紹介すると、

地しんは信《まこと》に大変に候《そうろう》。野僧草庵は何事なく候。親るい中死人もなくめで度存《たくぞんじ》候。

うちつけにしなばしなずてながらへて、かかるうきめを見るがわびしさ

しかし災難に逢《あう》時節には災難に逢がよく候。死ぬ時節には死ぬがよく候。是はこれ災難をのがるる妙法にて候。かしこ。

と書かれ、中国や日本の禅僧が言い残した言葉の中で、これ以上の

文政十一年、三条大地震で亡くなった無縁仏を供養した「地震亡霊塔」（宝塔院・三条市東裏館）。

無縁供養の詩碑（徳昌寺・長岡市与板）

悟境はないとされている。

この翌年、与板では藩主の井伊直経《なおつね》が徳昌寺で無縁供養の法要を営み、良寛は感激して藩侯をたたえる詩を作っている。

木村周蔵への戒め

良寛は説教をしない人だといわれるが、弟の由之、解良孫右衛門、木村周蔵の三人に宛てて三通のいさめの手紙を書いている。それぞれ若さの故か、一時遊興にふけり、身を持ち崩した時期があったらしい。

周蔵宛ての手紙には、

　第一あさおき、親の心にそむかぬ事。

の一節がある。良寛の率直で核心を突く説諭に、皆改心したのである。

貞心尼との出会い

この期間、最も大きな出来事といえば、貞心尼との出会いであろ

貞心尼歌碑「朝げたく」（閻魔堂・長岡市福島）

福島の閻魔堂（長岡市福島）

う。大森子陽、大忍国仙に次いで、第三の出会いである。

貞心尼は寛政十年（一七九八）、長岡市の奥村五兵衛の二女に生まれた。幼名をますといった。十七歳の時、魚沼市小出《こいで》の医師関長温に嫁したが、のち離縁し一旦《いったん》生家へ戻った。二十三歳の時、柏崎市の閻王《えんのう》寺で剃髪して尼僧生活に入る。二十八歳の時、長岡市福島の閻魔《えんま》堂に移り、二十九歳の時、良寛と相まみえる。良寛示寂後の天保六年（一八三五）、三十八歳の時、最初の良寛歌集ともいうべき『蓮《はちす》の露』を完成。四十四歳の時、柏崎市洞雲寺の第二十五世泰禅和尚について得度し、釈迦堂の庵主となる。しかし五十四歳の時柏崎大火のため全焼。真光寺境内の不求庵《ふぐあん》へ移る。

慶応元年（一八六五）六十八歳のころ、前橋の竜海院謙厳蔵雲《けんげんぞううん》から良寛詩集出版の相談を受ける。貞心尼の助力のかいあって、慶応三年に最初の良寛詩集である『良寛道人遺稿』（木版本）が刊行された。明治五年（一八七二）二月十一日、七十五歳の生涯を閉じる。辞世の歌は

来るに似てかへるに似たり沖つ波、たちゐは風の吹くに任《まか》せて

貞心尼墓（洞雲寺・柏崎市常盤台）

であった。墓は洞雲寺裏山の墓地にある。

良寛が木村家草庵に移った六十九歳の秋に、二十九歳の貞心尼が訪ねてくる。その翌年とする説もあるが、それでは矢も楯《たて》もたまらず、という気持ちがそがれてしまう。

「蓮の露」の後半が、良寛と貞心尼との唱和の歌となっており、最初の贈答歌、初対面のシーン、良寛から訪問の催促、二人の誓い、相思相愛の心持ち、楽しい日々、良寛の最期、と二人が出会った最初から永別するまでの四年余が、あたかも歌物語のようにつづられている。清く美しい愛のドラマと見ることも出来よう。

ごくごく一部を抄出するならば、

（最初の贈答歌）

これぞこのほとけのみちにあそびつつ、つくやつきせぬみのりなるらむ　（貞心尼）

つきて見よひふみよいむなやここのとを、とをとおさめてまたはじまるを　（良寛）

貞心尼像（柏崎市ソフィアセンター）

（釈迦の前で何事をか誓いあった）

りゃうぜんのしゃかのみまへにちぎりてし、ことなわすれそよ
はへだつとも　（良）

りゃうぜんのしゃかのみまへにちぎりてし、ことはわすれじよ
はへだつとも　（貞）

（楽しい日々）

山烏里にい行かば子烏も、いざなひて行け羽弱くとも　（貞）

いざなひて行かば行かめど人の見て、怪しめ見らばいかにして
まし　（良）

鳶は鳶、雀は雀、鷺は鷺、烏と烏、何か怪しき　（貞）

（良寛の絶唱）

あづさゆみはるになりなばくさのいほを、とくでて来ませあひ
たきものを　（良）

いついつとまちにしひとはきたりけり、いまはあひ見てなにか

おもはむ　（良）

（最後の別れ）

いきしにのさかひはなれてすむみにも、さらぬわかれのあるぞかなしき　（貞）

うらを見せおもてを見せてちるもみぢ　（良）

良寛と貞心尼との関係は、歌や禅の師匠と弟子であるが、右の贈答歌に見られるように、次第に純粋な愛情の高まりを見せるようになった。相馬御風氏は「聖愛」という表現を用い、文字通り清らかな愛ととらえられた。二人の間に肉体関係があったかどうかを論ずる人も現れたが、吉野秀雄氏は、肉体関係があったとしても、良寛の人格や芸術に少しも傷つくことはない、とされた。

もし貞心尼の出現がなかったならば、良寛はそのまましょぼくれて、みすぼらしく生涯を終えたかもしれない。貞心尼は良寛の衰えようとする生命に再び息吹《いぶき》を与え、よみがえらせたともいえよう。

なお「蓮の露」の全文については、小著『良寛と貞心尼』（考古堂）をご参照いただきたい。

松下庵跡「由之宗匠隠栖遺跡」碑
（長岡市与板）

弟由之との兄弟愛

弟の由之については前述したが、文化八年（一八一一）、長男泰樹《やすき》（馬之助）に家督を譲り、剃髪して与板の松下庵に隠居した。与板から塩入《しおいり》峠を越えて和島までしばしば出かけ、良寛と心温まる交流を続けた。

その様子は、一つには「良寛由之兄弟歌巻」で知ることが出来る。良寛七十二歳、由之六十八歳と推定される作品で、互いに歌を詠み交わし、それぞれの筆跡で書きつづられている。

もう一つは由之の日記「山つと」「八重菊《やえぎく》」に細かく記載されており、兄思い、弟思いの美しい兄弟愛がしのばれる。特に良寛臨終のシーンはクライマックスでもあり、次節にご紹介しようと思う。

良寛の病気

文政十三年（一八一六）、良寛七十三歳の夏ごろから、悪性の下痢に悩まされるようになり、体力は急激に衰えていった。

良寛墳墓の地・木村家菩提寺、隆泉寺（長岡市和島）

良寛の詩に、

夏の三伏《さんぷく》の日に、吐きくだしをわずらい、手足がしぼんでしまった。病中は夢か幻をみているようで、三日間は絶食。（後略）　（東郷本による）

があり、下痢には断食療法しかなかったことが分かる。

ほとんど遺偈《ゆいげ》に近い詩、草庵雪夜の作、

思えば七十何歳までも生きながらえて、人間のしわざのよいことよからぬことを飽《あ》くほど見た。夜ふけてからの雪で往来は絶えているらしいが、自分は古びた窓の前で、静かに一本の線香をくゆらせ端坐している。　（東郷本による）

があり、しみじみとして消えゆきそうな味わいである。

また良寛の歌には、

この夜らの　いつか明けなむ　この夜らの　明けはなれなば　をみな来て　はりを洗はむ　こひまろび　あかしかねけり　長きこの夜を

ぬばたまの　よるはすがらに　糞《くそ》まりあかし　あからひく　昼

良寛の位牌（円通寺・倉敷市）

隆泉寺・良寛像（滝川昆堂作）

は厠《かわや》に　走りあへなくに

などがあり、下痢と腹痛のためにころげまわって苦しみ、かわやへゆくことさえ出来ず、ひたすら夜が明けるのを待ちわびている。いかに悟りを開いても、生死を超越しても、病《やまい》の苦しみから逃れることは出来ない。

うちつけに飯《いい》を断《た》つとにはあらねども　かつやすらひて時をし
待たむ

には、いくぶん心の安らかさを取り戻し、「時をし待たむ」と詠《うた》っている。この時は、春がくるのを待ちわびるとともに、おのが死期を悟り、その時をも待っているような、恐ろしいまでの静けさを感じる。

かくて天保二年（一八三一）正月六日、良寛示寂《じじゃく》。由之の八重菊日記には、

よか（正月四日）の日、又塩ねり坂の雪かけ分《わけ》つつまうでて見
奉れば、今はたのむかたなくいといたうよわりたまひながら、
見つけてうれしとおぼししこそかなしかりしか。

良寛禅師墓（隆泉寺）

かくてむゆか（六日）の日の申《さる》の時に、つひに消果させ給へる、あへなしともかなしとも思ひわくかたなかりしに、（中略）やうか（八日）の夜、野に送りまゐらせし烟《けむ》りさへほどなく消て、はかなき灰のかぎりを御形見と身奉る、又はかなしかし。

（後略）

と兄良寛の死を悲しんでいる。

良寛の死因について、由之は痢病と書いているが、下痢症状を伴う病気に疫痢、腸カタル、直腸がんなどがあり、専門の医師は諸種の状況を検討した結果、直腸がんだったのではないか、と推定されている。

いずれにせよ、

おく山のすがのねしのぎふる雪の、ふる雪の、ふるとはすれどつむとはなしに、その雪の、その雪の……

と詠まれたように、良寛の生涯は、その雪の、その雪の、を繰り返しながら、その雪の中に溶けていったのであった。

良寛の人柄と生活ぶり

1　質素な生活

客が訪ねてくると、火葬場の近くに生えた野草を採ってきて出した。また日ごろ、醤油の実を蓄えておき、食べ残りを壷の中へ投げこんだ。虫が生じても椀に盛れば自然に逃げるので、平然と食していた。

やや不衛生のそしりはまぬかれないが、食の面で非常に質素な生活をしていた。

2　学問好きで頭がよい

例を挙げだせばきりがないが、古代音韻の研究、論語をはじめとする漢籍。洞山録、臨済録をはじめとする禅語。経典。万葉集をはじめとする日本の古典など、その読書範囲の広さと多さは比類がない。良寛の漢詩の出典は須佐晋長氏によれば百五十九点、良寛の和歌の出典は吉野秀雄氏によれば三十四種に及ぶ。

そして良寛は、「論語」でも「万葉集」でも全文暗記するほど頭がよかった。

3　踊り上手

良寛は踊りが大好きだった。佐渡おけさや盆踊りにうち興じた。まわりの人が「どこの女子《おなご》じゃろ」とはやしたてると、ますます得意になって踊った、という。

4　合理性

良寛は、ワラを用いてやかんの口径《こうけい》を測り、徳利の大きさを測り、中に入れて燗《かん》をつけることが出来るかどうかを確かめた。

意外と合理性を持っていたようである。

5　平等心

良寛は人とお酒を飲むとき、「なんじ一盃、われ一盃」と交互に飲み交わし、お互いに同じ量を飲むようにした。相手にだけ余計に飲ませることもせず、自分だけ一人で多く飲むこともしなかった。

6　ありのままで形式にこだわらぬ

ある日、読経に招かれて出かけた。木魚が仏前に置かれてなかったが、良寛はそのまま読経を始めた。縁側に置いてあれば、縁側で平気でお経をあげた。

7　私有しない

良寛は、自分の持ち物に「良寛」と名前を書いたりしなかった。「おれがの」「ほんにおれがの」（自分のもの、の意）と書いた。

玉木勝良《かつら》から借りた「秋萩帖」にも「おれがの」と書いてしまい、返すときとがめられた良寛は「あなたにお返しすればあなたのもの、それでよいではないか」と言って笑ったという。

8　無欲

物欲の中では金銭欲が代表であろうが、良寛は一朱銀（一両の十六分の一）のはした金でも、大金だと思っていた。人は銭《ぜに》の無きを憂い、自分は銭の多きを憂うる、と平然としていた。またある人が「百年は生きたい」と言ったところ「今日までで百年生きたと思えばよい」と微笑しながら答えた。

9　明日は分からぬ

良寛はよく、按摩《あんま》、灸《きゅう》、法事などを頼まれた。しかし「明日死ねば来られない」と答えていた。まことに人生一寸先《さき》は闇で、今日ピンピンしていても、明日のことは全く分からない。

それだけに今日の一日、現在の一瞬を、大切に生きようとしたのであろう。

10　一つのことに熱中する

客が訪ねてきたので、酒を貰いに山を下りたが、途中で月の美しさに見とれてしまい、客のことも、酒のことも忘れてしまった。

読書に熱中して、袖に火がついたことも知らずにいた。

柿をもぎに木に登ったが、つまみ食いをしたらあまりにおいしくて、下で待っている子どものことを忘れてしまった。

11　物忘れ

良寛は物忘れがひどかった。かなの手本にしていた「秋萩帖」を解良《けら》家に忘れてしまい、「甚だ不安心に候《そうろう》」と手紙を出している。

あまり物忘れがひどいので、所持品の一覧表を作り、出立《しゅったつ》の折照合して確認するようにしたが、その書きつけまで忘れる始末だった。

12　正直で人を疑わない

稲が実ることを方言で「ぼなる」というが、良寛は「吼《ほ》える」と受けとり、一晩中田んぼの中で稲がほえる音を聞こうとした。

人がお金を拾うのは楽しいというので、良寛もお金を捨てては拾ってみるがいっこうに楽しくない。そのうちお金を見失って見つけたときに、楽しさを味わうことが出来た。

その他例を挙げ出せばきりがないが、良寛は疑うことを知らなかったのである。

13　ユーモアがある

濃茶の席で、良寛はお茶を全部口の中に含んでから隣の人がいることに気づき、茶碗に吐き出して回した。次客は念仏を唱えながら飲んだという。

良寛は鼻クソを丸めたが置き場所に困り、再び鼻の中へ戻した。良寛がクシャミをしたとたん、どこかへ飛んでいった。

魚を食べてから、それは鱈《たら》だと言われ、「今のは魚だったのか。何だか知らないがとてもおいしかった」と平然としていた。

14　愛情と思いやり

庵に泥棒が入ったが、何も盗むものがないので寝返りをうち、寝ていた布団を持ってゆかせた。

良寛は蚤《のみ》や虱《しらみ》を日向《ひなた》ぼっこさせると、再び懐中におさめた。

庵にタケノコが生えて頭がつかえた。良寛は床に穴を開けてやった。

松の木が雨にぬれていると、蓑《みの》や笠を貸してあげたいなあ、と思った。

良寛は人ばかりではなく、動物は蚤、虱にいたるまで、植物は一木一草にいたるまで愛情を注ぎ込んだ。

15　感謝のこころ

良寛は自ら農作業に従事することはなかった。人々から施《ほどこ》しを受けて生活していた。従って田植えや稲刈りの時期には、お百姓が働いている姿を絵に描いて壁に張り、手を合わせて拝んだ。

またどんな小さな木片にも「南無阿弥陀仏」と書いて拝んだ。

16　子どもとの交わり

子どもたちと遊んだ話はあまりに多すぎて、とても書ききれないが、一つだけ毬《まり》つきに触れておこう。

世界で最初に幼稚園を作った幼児教育の祖、フレーベルは、幼児の遊具として「毬」を考えた。無意識のうちに、球の法則、空間の法則、時間の法則を予感させる、とした。

子どもたちは毬つきをすることによって、手や指の運動、呼吸法、リズム感、持続力、集中力などを養うことが出来る。更には「ひ、ふ、み」と十までいってまた一へ戻る繰り返しは、時間の永遠性、円環思想へと発展する。

何げない遊びの中に、深い哲理を含んでいるのは、やはり良寛のすごさであろう。

良寛関係年譜

年号	西暦	歳	事項
宝暦八	一七五八	一	良寛出生、父以南二十三歳、母秀子（幼名・おのぶ）二十四歳。良寛の幼名を栄蔵という。
九	一七五九	二	父以南、出雲崎の名主職を継ぐ。
一二	一七六二	五	弟の由之出生。
明和七	一七七〇	一三	このころ、大森子陽の狭川塾へ入る。
安永四	一七七五	一八	一旦名主見習となり、父の仕事を助ける。
			出雲崎の光照寺玄乗破了のもとで剃髪。参禅して坐禅に励む。
八	一七七九	二二	国仙和尚に随行して岡山県玉島（現倉敷市）の円通寺へ行き、本格的な禅の修行に入る。
天明三	一七八三	二六	母秀子死去。四十九歳。
六	一七八六	二九	父以南が隠居し（五十一歳）、弟の由之が名主職を継ぐ。由之二十五歳。
寛政二	一七九〇	三三	国仙和尚から印可の偈をうける。
三	一七九一	三四	国仙和尚示寂。六十九歳。良寛この後諸国行脚の旅に出る。
			父以南、最後の旅に出る。直江津・高田を経て京都へ。
			師の大森子陽、山形県鶴岡で死去。五十四歳。

七	一七九五	三八	父以南、京都桂川に身を投じて死す。六十歳。一説に高野山で行方不明になったともいう。
八	一七九六	三九	このころ、北陸道を経て、越後に帰る。帰国年については諸説がある。
九	一七九七	四〇	一時国上の五合庵に住む。
享和二	一八〇二	四五	寺泊の照明寺密蔵院に住む。
			国上寺の前住義苗和尚、退隠して五合庵に住む。
文化元	一八〇四	四七	義苗和尚が亡くなり、良寛は五合庵に定住するようになる。
七	一八一〇	五三	良寛の生家橘屋は、家財取り上げ、所払いの裁断をうけ、完全に没落する。
八	一八一一	五四	弟由之は隠居し、長男の馬之助が家督を継ぐ。
一四	一八一七	六〇	このころ、五合庵から乙子神社草庵へ移る。
文政三	一八二〇	六三	このころ草庵を出て、柳津、米沢、鶴岡など東北方面へ行脚の旅に出かけた。
九	一八二六	六九	乙子神社草庵を出て、島崎の能登屋・木村家草庵に移る。
			貞心尼（二十九歳）が島崎を訪れ、初めて良寛に会う。（翌年とする説もあり）
天保元	一八三〇	七三	秋ごろから痢病にかかる。
二	一八三一	七四	正月六日、由之、貞心尼、遍澄、木村元右衛門らに見守られながら示寂。
四	一八三三		良寛禅師墓が隆泉寺の木村家墓地に出来上がる。
五	一八三四		弟由之死去。七十三歳。
六	一八三五		貞心尼が、最初の良寛歌集ともいうべき「蓮の露」を完成。
安政五	一八五八		乙子神社のほとりに、最初の良寛詩歌碑が建てられる。
慶応三	一八六七		蔵雲和尚が、最初の良寛詩集である「良寛道人遺稿」を作り、木版本が刊行される。

あとがき

中国・湛江師範大学一年の出講を終えて帰国したところ、新潟日報事業社の新保一憲氏からファックスが入っていた。何事かと思ったら、前著『良寛入門』が品切れとなり、再版してくださるという。早速全面的に目を通して、訂正加筆を行った。

ひき続き同社の新企画、新潟県人物小伝シリーズの『良寛』を執筆するよう、ご依頼を受けた。

これまでにもおびただしい良寛の本が刊行されているが、意外にも、手ごろな伝記が見当たらず、何か適当な本がほしいね、という声がよく聞かれた。

何となく私が責められているような気がして、いずれ着手せねば、と思っていたら、このお話をいただいた。渡りに船の幸運であった。

また読売新聞平成十九年十一月一日付夕刊「よみうり寸評」には「こせこせした偽物だらけの世、金、金、金の物欲の世……(中略)、おおらかで欲のない良寛さんの境地を味わうといい。」と書かれている。

平成十九年の世相が「偽」一字で表されるなど、現代の日本はどうしてこうも狂ってしまったのであろうか。今まさに「ほんまもん」の良寛に学ぶ時が到来しているといえよう。

ところで前記『良寛入門』は、目下、湛江師範大学日本語学科長・陳俊英教授の指導のもと、同科の学生たちが総力を挙げて中国語に翻訳中だそうである。もし中国での出版が実現すれば、日中文化交流の一つのエポックメーキングとなろう。期待するところ大である。

この『良寛』を読んで、更に深く良寛を知りたいと思われる方は、『良寛入門』とともに『良寛百科』を併読されるようお勧めしたい。それぞれの項目について、くわしい理解がえられるはずである。

なお本書の写真は、新潟日報事業社のカメラマン・山本徹氏が新たに撮影してくださったものを中心に、私が撮影したものをプラスして、一層の充実をはかった。

本書の刊行に当たり、新保一憲氏をはじめ、山本徹氏のご尽力に、厚く御礼申し上げます。

平成二十年一月

加藤　信一

加藤僖一（かとう・きいち）

一九三六年、東京に生まれる。一九五九年、新潟大学教育学部書道科卒。京都大学文学部哲学科研修員、新潟大学および同大学院教授を経て、現在、新潟大学名誉教授。良寛研究所所長、全国良寛会副会長、北京大学良寛研究会名誉会長、正筆会顧問、読売書法会幹事、新潟大学書道教育学会会長ほか。

著書に『ペン字の美学』『新書道教範・全四冊』（思学社）、『良寛の書・全五巻一〇冊』（野島出版・大修館書店）、『良寛の書と風土』『良寛の名品百選』『良寛と禅師奇話』『良寛遺墨の精粋（英訳本）』（考古堂書店）、『良寛事典』（新潟日報事業社）、『良寛―日本人のこころ』『書のすすめ』（玉川大学出版部）、『良寛・法華讃』（求龍堂）、『良寛の書―安田靫彦の愛蔵品による』（中央公論美術出版）、『良寛と峨眉山』『加藤僖一論文集』『没後一九五年・有願和尚書画集』『加藤僖一の七〇年』（良寛研究所）、ほか多数。

現住所　〒九五一―八一〇二
新潟市中央区二葉町一―五二一四―二三

新潟県人物小伝　良《りょう》寛《かん》

平成20（2008）年４月１日　初版発行
平成20（2008）年11月５日　初版第２刷発行

著　者　加藤　僖一
発行者　德永　健一
発行所　㈱新潟日報事業社
〒951-8131
新潟市中央区白山浦2-645-54
TEL 025-233-2100　FAX 025-230-1833
http://www.nnj-net.co.jp/

落丁・乱丁本は送料小社負担にてお取り替えします。
定価はカバーに表示してあります。
©Kiichi Kato　2008 Printed in Japan
ISBN978-4-86132-270-9